网格交易法

GRID TRADING METHOD

徐华康 著

企业管理出版社
ENTERPRISE MANAGEMENT PUBLISHING HOUSE

图书在版编目（CIP）数据

网格交易法 / 徐华康著 . —北京：企业管理出版社，2022.11（2024.12 重印）

ISBN 978-7-5164-2729-3

Ⅰ. ①网… Ⅱ. ①徐… Ⅲ. ①股票投资—基本知识 Ⅳ. ① F830.91

中国版本图书馆 CIP 数据核字（2022）第 231360 号

书　　名：网格交易法

作　　者：徐华康

责任编辑：陆　森　尚　尉

书　　号：ISBN 978-7-5164-2729-3

出版发行：企业管理出版社

地　　址：北京市海淀区紫竹院南路17号　　邮编：100048

网　　址：http：//www.emph.cn

电　　话：编辑部（010）68414643　发行部（010）68701816

电子信箱：qiguan1961@163.com

印　　刷：北京明恒达印务有限公司

经　　销：新华书店

规　　格：147毫米 × 210毫米　32开本　10印张　112千字

版　　次：2023年3月第1版　2024年12月第2次印刷

定　　价：68.00元

推荐序

朱双果

当徐老师说要写一本有关于ETF网格交易的书籍时，我就期待着他会写出什么样的内容。

要知道网格交易法并非一种全新的交易方法，在过去数十年中，人们对这一主题已有不少了解。但许多投资人却苦于无法从网格交易中获得其所期望的回报，这点早已不是秘密，此疑难要如何解决？

看完这本书后，可能会颠覆很多人对网格交易的传统想法。任何一只股票使用网格交易后会有不同的回报率：有的股票会赚钱，有的股票会赔钱，最终情况就和直接买入不同的股票会有不同收益结果一样，全看标的物的未来表现。当市场还在讨论哪些股票适合网格交易，网格交易的每一格要设定多大以及网格交易的上下限要如何设定之际，作者早已跳出这样以过去价格数据做回测为基础的逻辑，直接

注：朱双果，方正证券零售业务部负责人。

给出了答案：使用网格交易的股票损益型态就和卖出认沽期权或备兑开仓期权是一样的。为了更进一步解释这种情况，作者将网格交易的收益分成持仓损益及网格损益两个部分。持仓损益的大小，对应着卖出认沽行权价的选择；而网格损益则对应标的资产波动率所带来的损益。网格交易的重大问题至此迎刃而解，纯粹的网格交易变成路径依赖（path dependence）问题，只要选择了投资标的，未来损益就跟随着所选择标的资产的表现息息相关，所以“选择”这个行为才是网格交易获利唯一的标准。至此，网格交易也就成了本书的“网格交易法”。

ETF非常适合网格交易，对券商而言亦是一个重要的品种，市场规模逐年扩大和交易热度的持续上升的现象已持续多年。当下，我国ETF产品的发行也进入一个快速发展阶段，规模不断创新高。2021年底，我国ETF规模已达到1.4万亿元，较前一年成长30.55%，但与欧美相比，仍有很大的成长空间。目前欧美ETF的规模仍然遥遥领先，美国ETF占全球ETF规模的70.2%，欧洲占比也达到15.6%，我国目前仅占全球13%左右的规模。从这个数据来看，未来我国ETF蓬勃发展的上升空间非常大，而网格交易也将成为ETF市场壮大的重要因素之一。

网格交易与ETF关系密切。ETF具有完美的网格交易标的物特性：交易成本低廉，流动性佳，加上可供选择的标的涵盖广阔，投资触及范围包括宽基指数、行业指数、各种主题赛道，也包括债券、货币、商品及国外指数。ETF的特性不仅适合长期投资及大资金配置，其主要指数长期向上的特性更是完美契合网格交易的根本需要。ETF具有低交易成本及流动性佳的特性，但大多数的客户却将其用于长期投资。相反，不适合做短线交易的共同基金却经常被用于较短期交易。本书将ETF与网格交易完美地搭配，让想跨入ETF投资的人们提供了另一个低风险的方式。

全书分为两大部分。前半部分描述网格交易的原理与设定，后半部分才进入网格交易“法”的应用。在仔细研读本书之后，读者对网格交易必定会有深刻了解。那些对网格交易有兴趣的人，应该会喜欢这本书，它不仅能让你在网格交易的投资上少走一些弯路，也会带来启发，引领投资人在交易之路上看到更多美好的景色。

自 序

网格交易不是一种交易逻辑，从最终的结果来看，它只是某种持仓方式，而且是已设定好止盈但不包含止损的持仓方法。本书描述的“网格交易法”则是对其正确的打开方式。

在2007年的春天，我还在交易台上担任交易主管时，有一位新进交易员很兴奋地告诉我一种绝佳的交易方式：通过不断地低买高卖可以持续获利。在当时上半年的大牛市行情中，用这样的方法确实可以轻松赚到钱。可是那年的夏天过后，行情急转直下，在不断的低买高卖过程中，一定会累积过大的仓位。当微薄的利润无法支持庞大的持仓损失后，账户随即遭受了不可弥补的亏损。虽然事后来看股价指数价位终究会回来，但是在市场下跌幅度超乎想象的状况下，只要资金撑不住，一切都是枉然。

2022年，许多人也遭遇了这样重复的剧情，只要持续买入的资金规划分配不到位，就会陷入漫长且幽暗亏损的挣扎中，无论怎样的后悔，都见不到一只援手，亏损的钱永远也赚不回来。

这也是我当时对网格交易的体验，感受到从充满希望到跌落深谷的绝望。总以为又找到了交易的圣杯，但最终只是另一次被市场的暴力痛殴。

过去，大家在研究网格交易的时候，大多数的精力放在网格上下限的设定，单一网格区间的大小或是如何用不对称的仓位进行买入和卖出。但要决定这些参数，交易者必须精准地判断标的资产未来运行的区间范围及波动大小，而这所有的一切并不比判断行情涨跌容易。

要通过网格交易赚钱，我们必须对它更了解，更新认知并重新内化。我听到太多因为想降低已持有标的资产成本而使用网格交易的故事，但结局总不是那么美好。这些投资人不是在长达数月的下跌过程中累积更大的仓位而进退两难，就是在上涨的过程中卖掉了仓位，最终不但成本未曾降低，也错失了能够赚到钱的机会。这一切，追根究底，就是对网格交易错误的认知所致。

市场上所欠缺的并不是网格交易，而是网格交易的正确方法。当正确认识网络交易后再使用网格交易法，才能够知道网格交易在整个风险与报酬互换的交易过程中你得到了什么，又失去了什么。

这些年拜自动化交易技术进步及交易成本不断下降之赐，网格交易法得以展现崭新的应用。使用网格交易法虽有旧瓶装新酒之嫌，但如果掌握其精髓，正确操作，终可赢利。写这样一本书的初衷，并非要大家完全按照本书所提供的方法进行交易，而仅是希望能抛砖引玉，在本书的基础上，发展出更多更好的“网格交易法”。这才是我内心深处最真切的心愿。

最后，本书的完成，要特别感谢同事杨雪的帮助，若是没有她这一年耐心且任劳任怨的资料处理及数据回测，这本书绝无法完成，感恩。

徐华康 2022 年于北京

目录

第一章

什么是网格交易

难道没有一种交易方法是不违反人性又可以赚钱的吗?

如果有的话，那可能就是网格交易了。

常常在想，到底有什么方法可以确确实实地赚到钱呢?可以赚钱的交易方法很多，只是许多方法对投资人没有那么直观，那么容易了解和操作。大多数的方法在交易过程中并不是那么令人舒服，致使这些方法虽然可以赚钱，但多数人却往往做不到，原因不是知识的困难度而是在心理上无法克服。长久以来，对大多数市场上的投资人来说，投资变成一件难以企及且困难的事，因为几乎所有的投资动作都违反人性。难道就没有一种简单有效又不违反人性的方法可以赚到钱吗?

网格交易法是一个简单的解决方式。大多数人做网格交易时会感觉很舒服，在交易的过程中没有什么压力，因为在下跌时可以买更多，上涨时陆续将持股卖出，做出的行情动作跟多数人心中所想的一致。但是，与大多数投资人说到网格交易法时，几乎只有两种反应——其中一种是用完全不了解的目光看着我问:“什么是网格交易啊？”；另一种则用鄙视的眼光看着我:“这种交易我早就知道了，尝试过后很有问题，要不就很容易爆仓，要不就一下子卖飞了，加上资金使用效率太差，常常捡了芝麻丢了西瓜。”这些是市场上最常听到的结论。“网格交易法实战的意义不大。”

多数人对网格交易法运用在实战中并不了解，因为实战中能长期使用这一方法的人并不多。对网格交易法有所了解的人接受度也没有那么大，因为做了一段时间后，发现这方法无法快速赚到大钱。最主要的原因是多数人来股市的目的不仅仅是为了赚钱，而是希望能快速赚大钱，以至用网格交易法去长时间慢慢赚钱的方式，无法吸引大多数人的目光。

网格交易法的来源

在中国古代，就已经有了类似网格交易法的观念：“论其有余不足，则知贵贱。贵上极则反贱，贱下极则反贵。贵出如粪土，贱取如珠玉，财币欲其行如流水。”这是做交易（买卖）能赚钱的根本逻辑：高价时候卖出，低价时候买入。也就是我国古代“时贱而买，时贵而卖”的方法。用白话文说，就是价低的时候买进，价高的时候卖出，只要价格会上上下下，随着时间过去，就会赚到足够的钱。

现代金融交易中最大的问题则在于，不知道何时是高价，何时是低价？多年的投资经验告诉我们，往往觉得股票价格是低价时，未来的价格还有更低；觉得股票价格是高价时，价格通常还有更高，情绪常常把市场中的人们带入到极端疯狂，投资人的理性判断也陷入混乱。如果我们采用固定的计划，将要买入的标的物价格与手中的钱像用渔网一样的细细分割，每下跌一格的价格，分批买入一批，只要对资金分割得当，我们总是能有部分资金买到最低价；每上涨一格的价格，将分批买入的那一批的仓位卖出，我们总能卖出到比买入更高的价格，赚取差价，这就是网格交易法的基本原理。

方法很简单，但是由于买进卖出的交易单位与资金的分割，使报酬率不甚亮眼，急于在市场赚钱的人也很少关注该方法，直到交易品种变多、交易费率因竞争而下降及自动化交易技术开始引入网格交易，这种简单又有效的方法才开始进入大众的眼帘。

信息之父创造网格交易法

近代一般认为网格交易法是信息论之父克劳德·艾尔伍德·香农（Claude Elwood Shannon）发明的交易方法。香农在科学上的成就被称为“自文艺复兴以来无人能企及”。他所提出的交易方法，虽未留下文字或书籍，但被誉为世纪天才所提出的交易方法，充满了令人无限想象的空间。

1916 年 4 月 30 日，香农出生在美国密歇根州的彼得斯基市，是爱迪生的远房亲戚。他在很年轻的时候即展现了非常天才的一面，他的人生也与近代科技发展密不可分，具有浓郁的传奇色彩。

1936 年，香农毕业于密歇根大学，并获得数学及电子工程学士学位。1938 年，香农在麻省理工学院（MIT）获得电气工程硕士学位，并发表了被誉为经典之作的硕士论文，题目是“A Symbolic Analysis of Relay and Switching Circuits”（继电器与开关电路的符号分析）。当时他使用电话交换电路与布尔代数之间的类似性，把布尔代数的“真”与“假”和电路系统的“开”与“关”对应起来，并用 1 和 0 表示。这篇使用布尔代数分析并优化开关电路的论文，奠定了数字电路的理论基础。哈佛大学的霍华·戈登尔（Howard Gardner）教授说，“这可能是 20 世纪最重要、最著名的一篇硕士论文”。

1939 年，麻省理工学院模拟计算机的开发者布什教授收香农为博士研究生；1940 年，香农获得数学博士学位，但他研究的方向却是 DNA 的遗传学研究课题，博士论文题目是“An Algebra for Theoretical Genetics”（理论遗传学的代数数学）。但香农似乎对 DNA 遗传课题并不是很感兴趣，数学似乎才是主要的方向，当他发表有关遗传学的毕业论文取得博士学位后，再也没有往遗传学的研究方向走。

1940 年，香农曾短暂地在普林斯顿大学高级研究所工作，不久即被贝尔实验室邀去工作，从此在贝尔实验室待了 15 年。

这 15 年正值二战期间，英国政府与贝尔实验室展开了一项 X 计划，共同研究无线电加密的问题。在此期间，香农一直在研究信息在传输过程中受到噪音干扰的问题，想办法解决在噪音干扰下信息不能正常传送的问题。在研究 8 年后，香农于 1948 年在《贝尔系统技术杂志》（Bell System Technical Journal）上发表了《通讯传播的数学原理》。1949 年，在同一杂志再度发表了另一篇著名论文《噪声下的通信》。在这两篇论文中，香农阐明了通信的基本问题，给出了通信系统的模型，提出了信息量的数学表达式，并解决了信道容量、信源统计特性、信源编码、信道编码等一系列基本技术问题，由此开创了一个新的领域——信息论，即现代计算机、互联网与数字媒体的理论依据。

1956 年，香农回到母校麻省理工学院从事了几个月的教学工作，之后便向院方提出不搞教学了。往后几年，他似乎对科学研究再也提不起兴趣，而将重心转向了金融投资领域。

这几年到底发生了什么事，让香农头也不回地转向投资市场？根据一些文献、书籍及互联网上的记录，香农当时与一些经济学家如保罗·萨缪尔森（Paul A. Samuelson）及许多投资专家交好，在此氛围及朋友的影响下，应该可以想象香农为何头也不回地将全部的精力转向金融。适逢那几年也是美国股市风起云涌的大时代，不管是有名的投资者如巴菲特正在崭露头角或是现在著名的基金公司富达资本及惠灵顿基金正在起飞，华尔街正在迎来新的时代，机构都在陆续发展壮大。1956 年，也是香农的前同事约翰·凯利发表著名的凯利公式（Kelly criterion）的年份。

在那段时间，香农与另一位著名的天才数学家爱德华·索普（Edward O. Thorp）往来频繁。索普以计算 21 点概率而导致世界赌场改变扑克牌规则，是《击败庄家》《战胜市场》的作者。他于 1959 年申请到麻省理工当讲师，这或许是命中注定的相遇。

1960 年，索普向《美国国家科学院院刊》提交论文，必须要有一位院士推荐，麻省理工学院当时唯一的美国科学院院士即信息论的创立者香农。当初香农的秘书仅为索普安排了几分钟的会面时间，但是索普的研究介绍深深地吸引了香农的注意，几分钟的会面变成了几小时的讨论。香农不仅同意了推荐论文，甚至两人未来还一起研究轮盘，一起去赌场实践，为了提高胜率，他们还共同开发了人类最早的数字可穿戴设备。

之后的日子，香农举办的投资讲座已经比科学讲座要多了。1966 年时，由于投资讲座的听众太多，不得不改在麻省理工学院最大的礼堂举行，当时香农所讲的主题则是：如何在震荡的市场中赚钱。

在一个震荡的市场中，一般人的做法是高抛低吸，上涨时做多，下跌时做空，顺势操作。但香农却描述了一种在随机市场中赚钱的方法。首先，香农让听众想象一只上下跳动的股票，价格不断地波动着，人们根本不可能预测这只股票随后的趋势。这种情况下，要如何赚钱呢？香农用了一种很特殊的资金管理交易方式，即永远持有一半仓位来解决震荡市的赚钱方式：

举例来说，以资本 10000 元开始投资，在现在的价格立即买入 5000 元的股票，所以在第一天的时候是手中 5000 元股票、5000 元现金。

假设第二天，股价下跌了 50%，那股票的价格变成了 2500 元，香农就把手中的 5000 元现金拿来加仓，加 1250 元的股票，让股票的市值变为 3750 元，手中的现金也是 3750 元，仍然保持着各 50% 的股票与现金的比率，即（2500 元 +5000 元）/2=3750 元。

假设第三天，股价上涨了 100%，又回到了原先的进场价位，那么 3750 元的股票市值变成了 7500 元，手中现金仍为 3750 元，故现在的总资产变成了 11250 元，股票价格进场时没有任何的改变，但投资人已经赚了 1250 元。这时投资人再把手中的股票平仓一部分，让股票和现金各占一半（11250 元 /2=5625 元），各为 5625 元，如此反复下去，即可不断获利。

这听起来就像是个印钞机一样，只要股票市场不断地震荡，我们就可以从股票市场的震荡中赚到钱。

表 1-1　　香农的半仓公式交易法　　单位：元

	股市涨跌	股票市值	股票调整后	现金	现金调整后	总资产
第一天	0	5000	5000	5000	5000	10000
第二天	–50%	2500	3750	5000	3750	7500
第三天	100%	7500	5625	3750	5625	11250

在这个方法中，透过现金与股票的组合方式，让手中的现金与股票永远保持着 1 ： 1 的比例，在股票价格相对于进场价格低的时候，持有较多的股数、较少的现金；在股票价

格较高的时候，则持有较少的股数、较多的现金。只要股票能够上下来回涨跌不停，钞票就可以源源不断地从股市中“印”出来。

在演讲结束后，有人问香农是否用了这个方法在股市投资，绩效又如何呢？想不到香农竟老实地回答：“美国的交易费用和税收太多，如果这样做短线来来回回地交易，光是费用就受不了，所以目前并没有这样去做。但如果出现了这样的震荡，这种做法的确是可行的。”

香农虽然提出了这样的想法，但却没有用这样的方法去投资股市。根据记载，单在投资的领域内，香农的绩效让人惊叹不已。在1952~1986年35年的时间内，年化收益高达28%，比同期的巴菲特还高出1%。由于香农并不是基金经理，他的投资金额并不大，其投资目的可能更主要是对于投资理论上的好奇、实验与验证，所以到1986年时，香农的投资账户总资金仅约150万美元。

香农其实一直想将其投资理念写成论文发表，但由于其方法或论点并未达到理想的标准，所以一直没有文章或任何论文的发表。直到20世纪80年代，香农得了老年痴呆症，记忆力开始严重退化，所以在最后一次的访谈中，他公开展示了自己所有的投资相关记录。令所有人惊讶的是，香农并没有使用任何数学量化或财富公式的方法赚到惊人的报酬，而是使用了与巴菲特非常类似的长线基本分析方式，专注且集中地持股。他只买个人非常了解的少数股票：资金的98%都重仓押注在三档股票中，第一重仓股居然占了81%的资金，并且香农自买入股票后，60年代之后就几乎没卖出过，长期持有这三档股票的收益也几乎是他整个投资生涯的利润。

这三档重仓的股票按顺序分别是：

特利丹（Teledyne Technologies），这家公司由麻省理工学院的同学兼好友亨利·辛格尔顿（Henry Singleton）创立，1961年香农用每股88美分买入，1986年价格300美元，价格成长340倍。

科德克斯公司（Codex Corporation），这家公司是麻省理工学院下属以制造高速电话信息调制解调器的公司，1977年被摩托罗拉收购。1966年香农以每股50美分买入，1986年价格为40美元，价格成长80倍。

哈理森实验室公司，这家公司由贝尔实验室科学家所创立，做彩色电视的电力供应为主，1962年被惠普公司（HP）购并。香农在1954年以每股12.8美分买入，1986年时价格为45美元，长期获利351倍。

香农买入长期持有的公司都是熟悉的领域及熟悉的朋友创立的公司。不管出于友情赞助或投资理念，香农并没有使用他的“半仓公式”或其他数学方法去获取财富。

永远的现金与股票持有半仓的做法是否真的可行？我们采用类似的方法在上证 50ETF 做个简单实验。根据香农持仓法，从 2012 年 4 月 27 日至 2021 年 9 月 30 日，我们刚开始买入 50% 的资金、持有 50% 的现金，并每个月的月底将持仓市值与现金调整为 1 ∶ 1，看看这九年半的时间，报酬率是否会比买进持有更好？

由图 1–1 可以看到，使用香农的永远半仓持有法，每月底将投资持股和持有现金各半，投资绩效并没有比较好，净值走势与长期持有类似，只是收益曲线要平缓得多。或许香农早已发现：

①仍需标的能够上涨才能获利，否则仅能慢慢降低持有成本。

②这种方法只有在某种“非大涨”的特定走势下（如范例中的大跌再涨回成本）会表现得比长期持有更好。

③在波动大的标的上的表现比波动小的标的好，可是股市一年之中也不可能常出现如香农的举例中，一下子下跌 50% 又上涨 100% 的走势。

④若将持仓与现金调整时的幅度缩小，即增加频率，如涨跌 1% 调整 1 次，这将使交易成本大到极为可观。

⑤行情下跌时表现较好，损失较少，但遇到行情大涨之际，其报酬却跟不上长期持有的绩效，暗示着若是买入长期上涨的指数或是个股，那么绩效一定是跟不上长期持有的报酬。

图 1-1　上证 50ETF 长期持有与香农半仓法报酬比较图

发现报酬率与标的股票走势的强烈路径归依，加上当时身体已经逐渐不适，香农已无法在那时进一步改进自己提出的交易方法，因此这个方法逐渐让人淡忘。无论如何，香农在不同波动率的标的随机走势的交易上，对随机走势仓位风险的控制启发了不少投资人。不同时期总有人不断研究这种交易模式。一直到近年，随着交易成本不断降低、电脑程序化进步，与此类似的方法才开始在交易上有了更进一步的发展。

网格交易法的说明

网格交易法，即通常所称的渔网交易策略，是一种捕捉盘整行情低买高卖的交易方法。简单地说，当资产价格上涨至某一固定比率（或固定点数）时，我们将手中的持有仓位先卖出固定比率；若价格持续上涨至某固定比率（或固定点数）时，再卖出固定比率的仓位；若价格持续上涨，则一直卖出，直到手中仓位卖完为止。但是在卖出的过程中价格若有回档或下跌，则买回先前所卖出的固定比率的仓位。如此随着价格上上下下之际，不断实行低买高卖的行为。反之，若资产价格下跌至某一固定比率（或固定点数）时，则买入固定比率的仓位，途中有遇价格反弹则可卖出，同样采取低买高卖的方法，直至手中资金用完为止。

下面举个例子来说明网格交易法的基本操作方法。我们若是预估未来行情将在附近价格上下 5% 盘整，若标的资产的价格上涨 1% 则卖出 1000 股；若标的资产价格下跌 1% 则买入 1000 股（如图 1-2）所示：

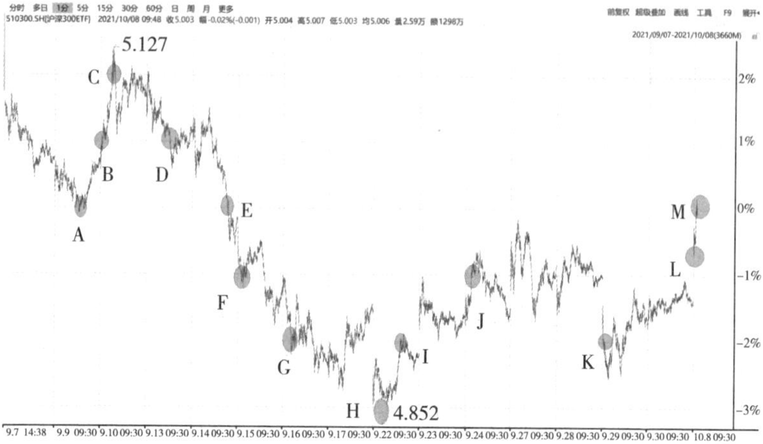

图 1-2　2021 年 9 月 9 日至 10 月 8 日沪深 300ETF 之 1 分钟 K 线走势图

假设我们在 A 点买入基本仓位 5000 股沪深 300ETF，当 ETF 价格向上涨 1% 至 B 点时，我们卖出 1000 股 ETF，这时手中剩下 4000 股沪深 300ETF。

当价格再度上涨至 C 点时，我们再将手中的仓位获利了结卖出 1000 股 ETF，这时手中剩下 3000 股沪深 300ETF。

接下来价格跌至 D 点时，我们将 1000 股 ETF 买回，这时手中持有 4000 股沪深 300ETF。

当价格再度下跌至 E 点时，我们会再度买回 1000 股 ETF，这时手中又持有 5000 股沪深 300ETF 的仓位了。虽然指数经过 4 个交易日又回到首日开始交易的价位，由于我们曾经在行情上涨 2% 时抛出 2000 股的沪深 300ETF 仓位，所以目前的账面上是获利的。

沪深300ETF继续下跌至F点后反弹无力，不久价格再度下探至G点，我们陆续在F点及G点的价位买入各1000股ETF，这时沪深300ETF的持仓增加至7000股。接下来行情仍然反弹无力，ETF的价格继续再探低点，我们在H点时再度买入1000股ETF，手中持仓增至8000股沪深300ETF。

当天下午，ETF价格出现反弹，在I点时，我们卖出1000股ETF，持仓再度来到7000股ETF的水位。

价位再度反弹至J点时卖出1000股，手中持股从7000股ETF降为6000股沪深300ETF。

三个交易日后，沪深300ETF价位再下跌至K点，这时按照原则买入1000股ETF，持仓为7000股沪深300ETF。

十一长假过后，价格出现明显反弹，我们可以在L点及M点各卖出1000股，最后持股又回到原先的进场水位，而沪深300ETF的价位也回到当初开始交易的价位附近。这刚好一个月的时间，行情最后看起来没有什么涨跌，但经过低买高卖的过程，这段时间我们小赚了一笔钱。

由于预估近期区间波动不超过上下各5%，ETF价格每上涨1%，我们将出场10%的仓位，若连续上涨超过5%，就会把手中的 ETF 持股卖光；若价格每下跌 1%，我们则承接 10% 仓位，若价格连续下跌超过 5%，我们则会增加至基本仓位的两倍至 10000 股。

网格交易法是不断透过低买高卖的动作，利用市场波动不停赚钱的策略。只要标的资产的价格不离开建立起始仓位附近，或是最后因为上涨而将仓位出清，就一定能赚钱，否则仓位将陷入套牢地位，如同买进其他任一只股票一样陷入等待解套的窘境。若想在下跌的趋势中持续低买高卖的网格交易，除非不断投入更多的资金持续建立新的网格交易仓位，让价格的上下波动能一直保持在低买高卖的过程中，才能将利润一点一点拿回来。在下跌过程中，网格交易确实比较费劲。

看了上面的例子，许多人一定会有疑问："网格交易法到最后一定可以赚钱吗？"答案是否定的，任何交易方法都有它的风险，网格交易法也不例外。在上述的例子中，虽然透过不断低买高卖的过程，我们买入的仓位若是都能顺利地按照计划出场，必定是赚钱的。但由于行情未必一定上涨，加上行情在短期内未必会在一定的区间内如你所愿地波动，故网格交易法也未必如想象中一定赚钱，除非投资人能确定所投入的标的资产一定长期向上，如此便可以因此确定绝对获利。此范例中的沪深300ETF从2021年9月至10月初的网格交易是获利的，但仔细研究其进出场及交易的仓位，其获利金额并不大（见表1–2），仅有324元人民币，报酬率0.648%，年化收益7.78%。在每次进出场仅使用总资金的10%仓位情况下，除非在一个月内能交易的次数更多，或是资金得到更有效的运用（如使用杠杆），报酬才有可能更好。

表1-2 2021年9月9日至10月8日，网格交易法进出ETF价位及损益

日期	时间	ETF价格	持股	ETF市值	持有现金	手中资产价值	交易损益（点数）
9月9日	13:02	5.004	5000	25020	24980	50000	0
9月10日	9:40	5.054	4000	20216	30034	50250	50
9月10日	10:27	5.105	3000	15315	35139	50454	51
9月13日	13:00	5.054	4000	20216	30085	50301	0
9月14日	14:05	5.004	5000	25020	25081	50101	0
9月15日	9:59	4.954	6000	29724	20127	49851	0
9月16日	9:09	4.904	7000	34328	15223	49551	0
9月22日	10:21	4.855	8000	38840	10368	49208	0
9月22日	13:21	4.904	7000	34328	15272	49600	49
9月24日	10:05	4.954	6000	29724	20226	49950	50
9月29日	9:37	4.904	7000	34328	15322	49650	0
10月8日	9:30	4.978	6000	29868	20300	50168	74
10月8日	9:42	5.004	5000	25020	25304	50324	50

根据这些说明，是否可以看出，网格交易法就是依据标的资产的波动性与资金分配的交易方式，而这些特性也是未来在做网格交易中最重要的要素。

本章问题

1. 使用香农半仓法，在什么时候报酬会比标的ETF好？长期来看，收益会比长期持有好吗？

2. 试着看下面个股的走势图，若以2%为一网格，试着标出过去一段走势中您的进出场点。

某个股走势图

第二章

网格交易法的要素及优缺点

如果能够知道未来的走势，我们就可以设定完美的参数来做网格交易，可惜我们不知道。

所以网格交易也不是完美交易方式，仅在某些特定的走势中会特别好用。

我们已经初步介绍了网格交易法的基本逻辑。但要深入了解网格交易法，首先要弄清楚网格交易法到底有哪些要素，这些要素都会影响未来网格交易的报酬及结果。虽然了解要素后未必能达到最佳收益的结果，但在此之后可以在投资的过程中不断改进，让网格交易充满生命力；做不好的时候或是交易不顺的时候，也知道自己哪里做得不好，充分了解其获利无法达到预期的确实原因，不会不明就里地责怪这是行情走势与预期不同所导致的结果。

大部分时候，许多投资者仅仅只是初步了解网格交易法后，便立即开始了网格交易生涯。在交易了一段时间后，发现网格交易法的获利与想象完全不一样，甚至有人开始时认为网格交易法是一定赚钱的方法，在不管任何情况或不管是什么标的资产就都投入了太多资金，最后却责怪网格交易法是一场骗局。所以在使用网格交易法之前，一定要先了解网格交易的各种情况，再决定自己是否要用网格交易在交易过程中投资。

网格交易法的五个要素

在建立起网格交易时，要先了解网格交易法中的五个要素。充分了解这些要素后，在建立网格交易时才可以每日启动低买高卖的仓位，让自己的想法在设定好的范围内顺利运行，不至于一下子没有仓位可卖或一下子使用了太多的资金导致没有资金可以买入网格的份额。这五个要素分别是：①使用资金；②网格的上限及下限；③网格的价差（格数）；④买入金额或股数；⑤网格的基准价位。

（1）使用资金

由于每位投资者的资金量不同，可使用的资金量决定了每笔网格交易买入及卖出的每次仓位大小。投资者的资金量大小也决定着建立网格时的一些考虑点，例如，资金量太小的时候，网格上下限不可能设定得太宽，网格的间距也不可能设得太密集，否则资金量甚至买不起每次网格的最小单位数（100 股）。除此之外，资金量太小也不可能交易价格太高的标的，否则也买不起最小单位的标的股票或 ETF 基金。若资金量较大时，则可考虑多个标的同时进行网格交易，这时在网格设定的密度上所受的限制也较少，所以网格交易的资金规模大小是一项重要的考虑因素。

当然有时也有投资人原本就有可供交易的标的资产，这时需要考虑资产价格的相对位置，并依此要先行调整持仓。若已有标的资产的价位在设定的网格区间内处于相对高位，可以先卖出部分已持有的标的资产仓位，再在已经设定好的网格区间内进行网格交易。若目前标的资产价位在已设定区间价位的相对低位，这时要再买进一些相同标的物的仓位，以免标的上涨时无货可卖，一定要补完仓位后再在已设定的网格区间内进行网格交易。

（2）网格的上限及下限

这可能是做网格交易最重要的事。网格交易之上限与下限价格设定的好坏将直接关系到未来获利的多寡。由于每位投资者的资金及可用仓位有限，为了资金效率，我们会将网格交易设定上下限价格，标的资产的价格超出此区间范围则停止网格交易。网格交易的收益多寡取决于行情在上下限区间波动的频率。即在固定时间内，在网格上下限价格区间内之固定金额的交易次数愈多，获利愈大。想象一下，如果我们设定的网格的上下限价格区间非常狭窄，在固定资金投入下，每一网格的资金较大且交易也可以较频繁，但若一下子就跌破下限，则无法继续低买高卖的增加收益；或者投资人建立网格时行情走势较好，标的资产的价格一下子就涨过网格的区间上限价格，那么标的资产接下来的上涨也与你无关。所以，网格上下限设定不佳，绝对会让网格交易进退失据，也绝对让你后悔使用网格交易法。

换另一个角度，若我们设定网格上下限的价格区间太大，则会有两种情况：一是价格区间内设定的网格数太多，资金固定的前提下，在每一网格所买卖的金额很小，每次的获利极低；另一种则是在价格区间内设定的网格数较少，虽然标的物的价格在一段较长时间不会跑出网格的价格上下限，但是由于交易频率太低，获利也不佳。

举例而言，我们在 2021 年 5 月 14 日上证 50ETF 收盘进场建立网格的起始仓位（图 2–1 A 点），进场时将网格上下限设为 8%，即为上涨及下跌各 4% 的范围。若上证 50ETF 行情涨过 4% 以上（图 2–1 B 点），仓位将会被卖光，上证 50ETF 的价格持续上涨则无法再获利。若上证 50ETF 行情跌超 4% 以上（图 2–1 C 点），除非投资者还有多余的资金，否则网格交易法也将无法在 B 点之下来回买卖，网格交易也无法帮你降低持股成本，所以网格交易法设定过窄的价格区间不见得好。

有人为了保险起见，将网格上下限设得很宽，假设将网格交易的上下限价格设为 40%，即起始进场价位上下各 20%，若以 1% 为一个网格的设定下，每次的交易金额为使用资金的 1/40，这 1/40 的资金做 1% 每次的交易，每次进出场的交易获利仅为交易资金四千分之一元，这是非常的微薄的收入。但网格格子设大一点，假定以 10% 为 1 格，以上证 50ETF 的波动情况，2021 年 5 月份之后的 5 个半月也仅仅交易了 1 次买入，至 2022 年 5 月仍无卖出机会，获利也不好。故上下限区间大小的设定至关重要。

图 2-1　2021 年 5 月 14 日至 11 月 15 日上证 50 日线走势图

要达到最佳的效率，最好是能“精准”设定好恰当的网格上下区间价格范围，即完美地“预测”未来一段时间标的资产价格的高点及低点，这会让投资人网格交易的效果最好。可惜这是不可能的事，否则的话，我们将不会使用网格交易法，直接全额买入卖出将可获利最大。真实情况通常会根据标的资产的波动率、过去的高低点区间的统计、使用支撑压力、甚至于基本面来判断并决定网格交易价格区间上下限，而这一切都和投资人对后市一段时间的看法息息相关。但网格交易法本就是希望在估计不用太精准的情况下，交易也能取得满意的获利，而并非最佳收益，故不用担心预测的准确与否，就算网格交易设定的上下限区间价格不完美，不是最佳的上下限价位，只要预测价格差距不太离谱的话，最后也大概率能完成获利的结果，因为网格交易法有不错的容错率。换句话说，正是由于市场的不确定性，所以才用网格交易法。

（3）网格的价差（格数）

在决定标的物之网格上下限后，我们可根据标的物的波动大小设定网格的价差，由于上下限价格区间已经决定，故网格的价差的大小决定后即可算出网格的格数。举例来说，若根据支撑与压力的分析决定网格的上下限价格区间为

20%，这时根据标的资产的波动情况，投资者决定网格价差大小为 1%，接下来我们一定知道网格的格数为 20，因为每 1% 为一格的网格大小。

网格的超额收益取决于网格上下价格区间内，标的资产价格波动的次数，价格波动越频繁，网格增厚收益的效果越强（如图 2–2）。我们可以假设在 1 天之内，不同的标的资产最后的涨跌幅相同且最高价与最低价格都相同，但小幅度的波动不同，也导致了最后的收益不同。

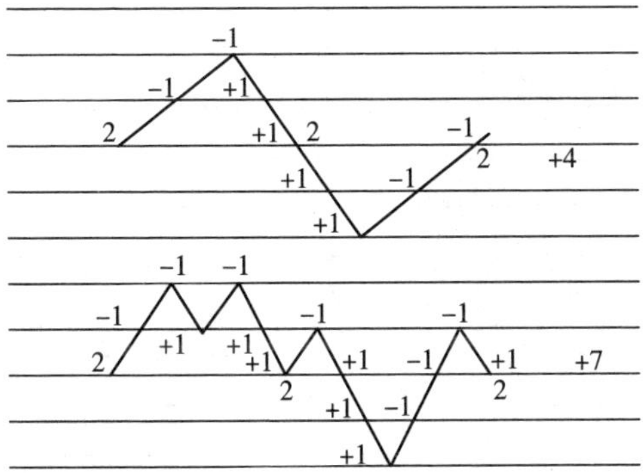

图 2-2　当日涨跌幅相同但小波动不同时，设定相同网格价差之损益比较

对于日内波动频繁的标的，是否设定较小的网格价差其收益会较好呢？结果却是否定的。但若能设定到恰当的小波段，结果反而是最佳的，否则我们可能更需要较多的频繁的小波动才有可能有好的结果。例如图 2–3 中第二图的收益反而没有第一图来得好，但第三图的绩效却比第一图来得好。

只是这样的结果我们在事前无法做有效的判断。在一般的情况下仅能以历史的波动情况来决定设多大的网格价差，但是一般的情况下，稍大一点点的网格设定在长期情况下多半是比较好的，因为我们的获利可能来自一些预期之外的较大波动而非预期之外的频繁小波动。在固定的上下限价格中，所设定触发买卖的价位差愈大，则网格的格数愈少，交易的次数也愈少，但是每笔的交易损益则愈大，若考虑在日级以上的交易，网格的价差较大，未必获利会比较差。

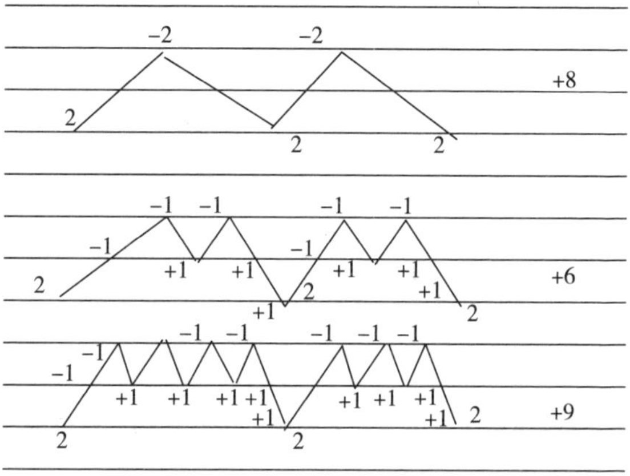

图 2-3　当日的涨跌幅相同，较小波动不同时设定不同网格价差之损益

上图乍看之下，第一图仅仅做了二次交易，但是每一次的交易是 2 个单位和 2 个网格的大小，故每次的收益是 4 单位（2×2=4），两次的交易总计是 8 单位，比第二图的 6 单位好。

如何设定网格价差呢？一般在设定网格的价差方式中，有两种设定方法可以考虑：

①固定百分比价差。

②固定金额价差。

在百分比价差中，可以设定每上涨或下跌1%则卖出或买入固定量仓位，当然，投资人也可以设定上涨或下跌0.3%或其他固定百分比来买进或卖出固定仓位。使用百分比价差法，在已经固定的上下限中，设定上涨或下跌所需进出场的百分比点数愈小，则设定网格密度（格数）愈多，交易的次数也愈多，每笔交易的损益也愈小。使用固定百分比价差法，标的资产的价格愈高，由于比例会使绝对金额相对扩大，买入卖出的金额会相对愈大；反之，标的资产价格愈低，由于比例会使绝对金额相对较小，故买入卖出的金额也会愈小。举例而言，若上证50ETF在1.50元时，上涨1%为0.015元，若卖出1000股则获利为15元；上证50ETF在3.50元时，上涨1%时为0.035元，卖出1000股的获利则为35元。故在使用百分比价差设定网格大小时，在不同的价格做网格交易，标的资产价格高低不同时会有不同的收益，这是在设定网格交易参数之时事先要考虑的。

在固定金额价差中，就是设定固定的上涨及下跌价格来决定买入或卖出的价格，这样只要每触发一次网格，每次的收益金额都是固定的。例如上证 50 不论在哪个价格，当设定网格价差为 0.01 元，我们卖出及买入 1000 股时，每次所获取的损益都是 10 元。值得留意的是，采用固定金额价差法，在标的资产价格较高时，由于相同涨跌幅度的涨跌价格会比较大，容易触发网格的交易，而标的资产价格较低时，相同涨跌幅度的涨跌价格较小，则较不易触发网格。举例而言，当上证 50ETF 在价位 3.50 元时，每个网格 0.01 元仅需上涨或下跌 0.285% 即可触发网格交易，但上证 50ETF 在价位 1.50 元时，每个网格 0.01 元则需要上涨或下跌 0.667% 才可触发网格交易，在标的物相同的波动率之下，其触发的难易程度可见一斑。

至于使用哪种方法较佳，一般情况是，在网格上下限区间价格的跨度不是很大时，通常采用较直观且简单的固定金额价差的方式，一方面容易设定，不管是用手动下单或临时要调整交易，都比较方便，且网格交易经过一段时间的最后损益也与固定百分比价差相差不远；若是网格上下限区间价格的跨度较大时，使用固定百分比价差比较好一点，虽然其实结果不至于有天壤之别，但至少使用固定百分比价差，一般不会在标的资产的价格较低时，因为网格价差每一格价格差距太大而产生许久无法进出场而降低交易频率的情况。

（4）买入金额或股数

当我们决定好投入资金大小、网格的上下限及网格的价差后，接下来要决定每次买入金额或股数。若是采用每个网格都是固定资金（固定资金法）的方法，我们将会在标的资产的价格愈低时，以较大的股数仓位来进行网格交易，而在标的资产价格较高时，会仅交易较少的股数仓位。虽然每次网格交易看起来股数份额的数量不一样，但金额每次都会相同，不受标的资产价格高低影响。

若是使用每网格固定股数仓位（固定仓位法）的方法，在交易上则每次均会使用相同大小的股数仓位来进出场，在标的资产价位较低时，每次交易的金额会比较小；而在标的资产价位较高时，交易的金额较大。但只要先前设定网格时的上下限价格范围并不是很大，其实不管用那种方法的差别也不是太大（见表 2–1）。

表 2-1　　消费 ETF 的固定仓位法及固定金额法网格列表

			格数	价位	每次仓位	总仓位	固定单笔资金	总资金	每次固定仓位	总仓位	单笔资金	总资金
			0	1.295	0	0	3500	0	0	0		
上限	1.3		1	1.280	2700	2700	3500	3500	3000	3000	3840	3840
下限	1.083	每格 %	2	1.265	2800	5500	3500	7000	3000	6000	3794	7634
上下区间	0.217	1.22%	3	1.250	2800	8300	3500	10500	3000	9000	3749	11383
每一格数	0.014		4	1.235	2800	11100	3500	14000	3000	12000	3705	15087
总区间 %	20.04%		5	1.220	2900	14000	3500	17500	3000	15000	3661	18748
			6	1.206	2900	16900	3500	21000	3000	18000	3617	22365
			7	1.191	2900	19800	3500	24500	3000	21000	3574	25939
			8	1.177	3000	22800	3500	28000	3000	24000	3532	29471
			9	1.163	3000	25800	3500	31500	3000	27000	3490	32961
			10	1.150	3000	28800	3500	35000	3000	30000	3449	36410
			11	1.136	3100	31900	3500	38500	3000	33000	3408	39818
			12	1.122	3100	35000	3500	42000	3000	36000	3367	43185
			13	1.109	3200	38200	3500	45500	3000	39000	3327	46512
			14	1.096	3200	41400	3500	49000	3000	42000	3288	49800
			15	1.083	3200	44600	3500	52500	3000	45000	3249	53049

至于哪一种方式较好，要视未来行情的走势而定。由于网格交易是预先设定要交易的上下限价格及每次交易的仓位大小，若我们能够确定未来较密集的交易区间落在接近所设定的网格上限价位附近，则采用固定的仓位法较佳；若未来的交易密集区落在网格的下限价位附近，则采用固定金额的方法较佳。原因是使用固定仓位法在标的资产价格较高时，每次交易金额较大，若交易密集区在偏高价位时，相同的交易次数当然获利较佳。反之，若采用固定金额法，在标的资产交易密集在偏低价位时，每次交易金额会相对于固定仓位法较大，若在此处的交易次数多，获利当然也会比较好。不过大多数时候，我们无法判断未来多数交易在哪个区间较为密集，故多数投资人会以每次交易仓位相同的固定仓位法为主，其主要原因也是使用这种方法比较方便且容易计算损益，就算没有使用程序化来做网格交易，也非常清楚自己当天到底做了多少数量的标的资产，赚了多少钱。举例来说，每次交易 3000 股的损益计算，总比每次交易 3000 元的损益计算来得容易。

从前几个网格要素来看，做网格交易时，网格上下限区间价位的决定及网格的价差大小对收益情况比较重要，故投资人在做网格交易时，是使用固定金额法还是固定仓位法不要过分拘泥，这项因素虽有影响，但重要性却低于前几项因素，因为只要网格上下限区间价位及网格价差大小一经决定，每次要交易多少金额或股数已经大致上差不了多少了。

投资人可以多思考一下，在当时，我们已事前决定好了网格交易的上下限及网格格数，但若行情走势或某些突发性的想法，临时改变了每一次网格交易的交易金额大小或是股数多寡，使账户资金不足或无法充分使用；或投资人突发奇想，希望借每次网格交易累积的资金改变交易投入规模来加速获利，这些做法其实都是变相想改变网格交易的上下限或对网格交易做了放大或缩小的改变。例如，本来决定网格的设定是15格的，预备使用50000元做该标的资产的交易，但是在设定过程中却想着“若是风险小一点就好了”，故在当时的上下限价格已经决定的前提下，却将每一网格的金额从预定的3500元改为1750元。这时网格价差及网格的上下限虽没有改变，但你心中却早已想着若是行情再继续往下跌，我仍然有资金可以再承接15格，到时再将下限价格改变即可。虽然在当时网格的设定什么都没有改变，但实际上你已经将网格变成了 30 格，这会让你先前的交易计划设定全部白费。我就曾遇到过如此操作的一位投资人。因此，一定要认识到，所有的网格设定要素都是相互联系的，牵一发而动全身。

（5）网格的基准价位

网格的基准价位也是投资者起始进场或建仓的价位。过去的许多文章或是书籍通常会描述为网格交易的中心点，或是中间价位。网格交易中间价位的观点是在建立网格交易仓位时并不考虑标的资产目前的走势强弱或处在何种价位，而是假设标的资产未来价格将随机涨跌，上涨或下跌的概率各占 50%。换句话说，它隐含着对任何投资者而言，不管何时进场都一样，把进场时的价格当成是未来走势价格的中心点。举例来说，在 2021 年 9 月 9 日下午 1 点沪深 300ETF 价格 5.004 元 / 股，投资人若在此时建立网格交易仓位，中间价位观点的网格交易法会建议以此价格为中心点，在此时，可以用账户资金的一半进场，建仓成本就是目前沪深 300ETF 价格 5.004 元，所以在网格交易开始时，也会以此价位定为中心点。接下来若沪深300ETF上涨超过“一格”的价位时，则网格交易会开始卖出沪深300ETF固定仓位；沪深300ETF有下跌时，则网格交易会开始买入沪深300ETF固定仓位，来增加持有股数，并降低持有成本，等待未来上涨“一格”时再卖出，而此基准价位就是被假设的“未来一段时间的价格中间点”。持这种看法的网格交易法的投资者不管面对的是牛市还是熊市，均假设沪深300ETF价格涨跌走势的概率呈正态分布，也大概率认为沪深300ETF价格区间会在以进场价格为中心的区间范围之内。但显而易见的是，这种方法在标的资产明显处于相对高点或低点时是不合理的。

所以在网格交易法的要素中，当我们决定网格交易的上下限价位时，早就决定了网格交易法多多少少是带有主观判断性质的一种交易方法。当你决定进场网格交易时，设定的上限价格较目前标的资产价格高很多，而设定的下限价格与目前标的资产价格较为接近时，你就已经觉得未来标的资产的价格是偏向上涨；反之，当你决定进场网格交易时，设定的上限价格与目前标的资产价格接近，而设定的下限价格与目前标的资产价格相差较远时，你就已经觉得未来标的资产价格可能会有大概率下跌的可能性，口中虽然没说，但设定的网格交易要素已透露了你心中最真实的想法。

在网格交易中，若投资人采用手动网格交易，基准价就仅是用来计算网格的标准而已，并不具备太多意义。投资人也可以使用自己设定的网格上限价格或下限价格当成基准价，然后据以计算每一格的价格当成未来进出场的预定价格，例如设定沪深300ETF的上限价格是5.300元/股当成基准价，每0.05元/股为每一格的网格，则网格交易中的每一格价格依次为5.25元、5.20元、5.15元、5.10元……，直至网格下限（见表2-2）。这时投资人就可以依据所建立的表格来决定目前价位下应持有的仓位，并在当时价位建立应有的应对仓位，然后按预定的价位开始网格交易的进出。例如，当沪深300ETF价位为4.720元，刚好位于第11格及第12格之间，投资人可以4.720元买入700股，并设定当沪深300ETF跌至4.70元时再买入700股，沪深300ETF涨至4.80元再卖出700股。每天在开盘前将买卖价位都先挂好。

表 2-2　　沪深 300ETF 每 0.05 元之网格列表

格数	价位	每格仓位	总仓位	单笔资金	总金额
0	5.300	700	0	0	0
1	5.250	700	700	3675	3675
2	5.200	700	1400	3640	7315
3	5.150	700	2100	3605	10920
4	5.100	700	2800	3570	14490
5	5.050	700	3500	3535	18025
6	5.000	700	4200	3500	21525
7	4.950	700	4900	3465	24990
8	4.900	700	5600	3430	28420
9	4.850	700	6300	3395	31815
10	4.800	700	7000	3360	35175
11	4.750	700	7700	3325	38500
12	4.700	700	8400	3290	41790
13	4.650	700	9100	3255	45045
14	4.600	700	9800	3220	48265
15	4.550	700	10500	3185	51450
16	4.500	700	11200	3150	54600
17	4.450	700	11900	3115	57715
18	4.400	700	12600	3080	60790
19	4.350	700	13300	3045	63840
20	4.300	700	14000	3010	66850

若投资人采用券商提供的网格量化程序化系统，则

基准价位应是当时投资人建立的网格列表中最接近的价格。举例而言，2021年12月2日，金融ETF价格为1.629元，投资人建立仓位后可选定网格列表中离自己最接近且较高的那一格网格价格当成基准价。若投资人没有留意而当时随意设了任何一个基准价格并开始执行程序化网格交易，例如以1.730元当成网格基准价，若当时网格交易设定是以每0.004元为一网格，系统将自行计算目前价格与基准价相差了30格，网格交易自动化系统接下来将会自动买入未来30格所需的仓位（如图2–4）。在程序化的网格交易中，这个小小的不注意可能会短时间内买入远远超过你当时所想买入的仓位，让你快速取得不想要的仓位，从而造成麻烦，故在量化的网格系统中，一定要特别留意基准价格的设立。程序化计算可以帮助投资人在空手时建立基本仓位。将所计划中的网格上限价格设定为网格基准价格，如此网格交易一经启动将可以立即建立起你想要的仓位。所以在设定基准价格时，要特别留意：自己想要的是什么？投资人自己建立网格的习惯动作是什么？自己是否已经有足够的仓位？这也决定了网格交易的基准价是什么。

起始日期: 2021-12-02　终止日期: 2021-12-02

成交日期	成交时间	证券代码	证券名称	买卖标志	成交价格	成交数量	成交编号	委托编号	股东代码	成交金额	佣金	印花税	过户费	其他费	备注
20211202	93026	159931	金融ETF	买入	1.6290	500.00	17175	661	0573436835	814.50	0.05	0.00	0	0.000	证券买入
20211202	93029	159931	金融ETF	买入	1.6290	500.00	17180	663	0573436835	814.50	0.05	0.00	0	0.000	证券买入
20211202	93031	159931	金融ETF	买入	1.6290	500.00	17184	665	0573436835	814.50	0.05	0.00	0	0.000	证券买入
20211202	93035	159931	金融ETF	买入	1.6280	500.00	17193	683	0573436835	814.00	0.05	0.00	0	0.000	证券买入
20211202	93038	159931	金融ETF	买入	1.6280	500.00	17197	686	0573436835	814.00	0.05	0.00	0	0.000	证券买入
20211202	93041	159931	金融ETF	买入	1.6280	500.00	17208	694	0573436835	814.00	0.05	0.00	0	0.000	证券买入
20211202	93044	159931	金融ETF	买入	1.6280	500.00	17212	700	0573436835	814.00	0.05	0.00	0	0.000	证券买入
20211202	93047	159931	金融ETF	买入	1.6280	500.00	17220	705	0573436835	814.00	0.05	0.00	0	0.000	证券买入
20211202	93049	159931	金融ETF	买入	1.6280	500.00	17224	711	0573436835	814.00	0.05	0.00	0	0.000	证券买入
20211202	93052	159931	金融ETF	买入	1.6270	500.00	17230	718	0573436835	813.50	0.05	0.00	0	0.000	证券买入
20211202	93055	159931	金融ETF	买入	1.6270	500.00	17235	725	0573436835	813.50	0.05	0.00	0	0.000	证券买入
20211202	93059	159931	金融ETF	买入	1.6270	500.00	17241	729	0573436835	813.50	0.05	0.00	0	0.000	证券买入
20211202	93102	159931	金融ETF	买入	1.6270	500.00	17245	740	0573436835	813.50	0.05	0.00	0	0.000	证券买入
20211202	93105	159931	金融ETF	买入	1.6270	500.00	17250	749	0573436835	813.50	0.05	0.00	0	0.000	证券买入
20211202	93108	159931	金融ETF	买入	1.6260	500.00	17256	755	0573436835	813.00	0.05	0.00	0	0.000	证券买入
20211202	93111	159931	金融ETF	买入	1.6260	500.00	17265	761	0573436835	813.00	0.05	0.00	0	0.000	证券买入
20211202	93113	159931	金融ETF	买入	1.6260	500.00	17270	765	0573436835	813.00	0.05	0.00	0	0.000	证券买入
20211202	93117	159931	金融ETF	买入	1.6260	500.00	17273	771	0573436835	813.00	0.05	0.00	0	0.000	证券买入
20211202	93119	159931	金融ETF	买入	1.6250	500.00	17278	775	0573436835	812.50	0.05	0.00	0	0.000	证券买入
20211202	93122	159931	金融ETF	买入	1.6250	500.00	17284	784	0573436835	812.50	0.05	0.00	0	0.000	证券买入
20211202	93126	159931	金融ETF	买入	1.6250	500.00	17287	792	0573436835	812.50	0.05	0.00	0	0.000	证券买入
20211202	93129	159931	金融ETF	买入	1.6240	500.00	17294	799	0573436835	812.00	0.05	0.00	0	0.000	证券买入
20211202	93132	159931	金融ETF	买入	1.6240	500.00	17301	804	0573436835	812.00	0.05	0.00	0	0.000	证券买入
20211202	93135	159931	金融ETF	买入	1.6240	500.00	17304	815	0573436835	812.00	0.05	0.00	0	0.000	证券买入
20211202	93138	159931	金融ETF	买入	1.6230	500.00	17309	822	0573436835	811.50	0.05	0.00	0	0.000	证券买入
20211202	93141	159931	金融ETF	买入	1.6230	500.00	17312	825	0573436835	811.50	0.05	0.00	0	0.000	证券买入
20211202	93144	159931	金融ETF	买入	1.6230	500.00	17318	835	0573436835	811.50	0.05	0.00	0	0.000	证券买入
20211202	93147	159931	金融ETF	买入	1.6230	500.00	17324	843	0573436835	811.50	0.05	0.00	0	0.000	证券买入
20211202	93247	159931	金融ETF	买入	1.6170	500.00	17327	933	0573436835	808.50	0.05	0.00	0	0.000	证券买入
20211202	93249	159931	金融ETF	买入	1.6170	500.00	17331	938	0573436835	808.50	0.05	0.00	0	0.000	证券买入

图 2-4　网格自动买入 30 格之成交结果

网格交易法的优势

我们为什么要使用网格交易法，使用网格交易法到底有哪些优势？有的投资人认为可以比普通的买进持有赚得更多，也有投资人认为不管涨跌只要有波动都可以赚钱，但网格交易的真实情况可能与你想象的不一样。网格交易法比其他传统交易方法赚得比较多纯属广告与吹嘘，因为网格交易法要赚的钱与买进持有赚到钱的逻辑不太一样。网格交易法的获利主要来自标的资产来回涨跌的波动及基本持仓的上涨，网格交易法的标的资产上涨过程中，来回波动愈大则赚的钱愈多。但买进持有的传统交易法赚的钱却来自于持有仓位的持续上涨，虽然有部分获利来源相同，但想赚的钱的内容却不一样。

网格交易法有以下几个让大众容易接受的优点。

（1）简单易懂

下跌买入、上涨卖出是我们在股市学到的第一课，任何交易只要能低买高卖就一定能够赚到钱，而网格交易法先天自带这种低买高卖的性质。所以我们在内心深处觉得这种交易方法符合人们的交易天性，当股票下跌就买入固定仓位，股票上涨就卖出固定仓位。假设长期股票只要不下市，股票只要会涨涨跌跌，就算我们买不到飙股，也一定能够一点一滴地赚到钱。这种简单易懂、一目了然的原理当然可以长期执行。只要股票仍在市场，长远来看，充其量最坏的情况不过是将持有股票卖光，钱少赚了而已。除此情况之外，股票价格只要仍然一直处在网格交易可以交易的区间内，我们不需要做额外太多的事，只要按部就班地按照网格的设定，低买高卖即可，执行起来非常简单，没有压力，也没有任何黑箱作业的可能性。

（2）过程舒服，交易更能持续下去

在交易的过程中，舒服对许多人来说可能比冒险赚到钱更让人觉得重要。根据行为经济学理论，人们总会选择确定的事，对于不确定性避而远之。举例而言，有以下两个选择：

选择一：90%概率每年能赚到8%左右，且有10%的机会能赚到20%以上。

选择二：50%概率每年会亏15%，但有50%的机会每年能赚30%。

大多数的人会选择第一个选项，虽然选择二的期望值比较高，但对多数人而言，能够稳定获利这件事给了更多的安全感，即使知道选择二的期望值较高，但还是会有些担心“不幸”这件事会落到自己的头上，况且“选择一”在稳定获利的基础之上，仍有10%的机会能赚到更多的钱，而“幸运”也许会让自己遇到，最差的情况不过是少赚了一些钱，但终究是赚钱的。

虽然网格交易法不像上述的选择一有100%获利的绝对性，但相对其他许多投资方式，相对稳定性这一优势是存在的。使用网格交易法在标的资产下跌时的损失较小，上涨时

的获利亦较少，但标的资产的行情在区间震荡上上下下地波动时，我们可以不断透过低买高卖持续获利，这样的过程会让人们更倾向一直持有仓位。若我们投资的标的资产是长期向上且永远不会归零的指数，那长期不会亏钱的“稳定性”就更大了。在这样的心理状态支撑下，投资人在做网格交易的时候，心态上确实会平静许多，也让我们更愿意一直持续地做下去。

（3）不需要精准的判断

由于网格交易法是标的资产在一个区间内不断涨跌即可赚钱的方法，所以只要投资者能够判断近期的走势在某个区间之内，在一定时间后是上涨的或离场结束网格交易时的价格离你进场成本不远，就可以获利。除此之外，若进场后价格开始上下震荡则可以薅到羊毛获利，故一般人只要不买到大幅直线下跌且不上涨的标的资产，理论上一段时间后都不至于亏损。

由于这种交易的特性，在标的资产上涨时不需考虑何时出场，因为在网格交易的过程中已经开始不断地卖出；标的资产下跌时亦不需考虑何时加仓买入，过程中也已经持续加仓进场，所以投资人只要判断未来的大致区间即可，不需要非常精准地知道标的资产何时发动涨势，只需知道目前价格已经是相对低档或是不在下跌趋势中即可。

（4）网格交易法也可以搭配技术分析或其他投资方法来增强或改进报酬

例如，网格交易法亦可使用在止损位全数出场的方法，使资金顺利切换到更好的投资标的，或者搭配使用定投的方式，让跌破下限的标的资产在持续定投下仍能降低成本，在一段时间后增厚可交易的上下限区间。当然也有许多交易或选股的方式亦可搭配运用在网格交易上，使网格交易在使用的过程中更加灵活。

网格交易的缺点

任何交易方法有优势就一定会有缺失，否则现在所有的投资人都应该去做网格交易而舍弃其他的交易方法。使用网格交易法之前，除了要问问自己是否清楚如何以网格交易法赚到钱，以及自己为什么用网格交易法可以成功地赚到钱，还应该再思考一下以下问题：

“别人过去做网格交易为什么会失败？他们的交易有什

么问题？这个方法有缺陷或不恰当吗？”

网格交易法有如下缺点。

（1）容易错失大行情

网格交易法总是上涨时就会卖出手中标的资产，若投资者进场后行情一直上涨，很快仓位就会被卖光，接下来的上涨完全与你无关。做网格交易的人最害怕的就是进场后行情立即快马加鞭且头也不回地上涨，原因不是因为不能赚钱，而是当整个市场每个人都赚大钱时，你只赚到蝇头小利。如果投资人持有低价仓位，当标的资产一路上涨，网格交易法又一直卖出仓位，这将使投资人比亏损还痛苦。假设网格交易法设定的网格上限离你建立基本仓的价格仅有5%，而基本建仓又仅是50%的资金量，行情若一路上涨了30%，这时使用网格交易法的你，报酬最多也无法超过2.5%（50%×0.05）。容易错失大涨的行情，这是网格交易法永远的最痛。

（2）让人掉以轻心，白忙一场

由于网格交易法简单易懂，让许多人觉得可以轻易赚到钱，甚至有人说，不论在哪个价位进场，网格交易的未来表现结果都一样，所以许多投资人会随意选择标的资产且不管标的在相对高价或低价，以至于选到长期下跌或波动非常低的标的物。也有投资人随意设立网格交易的网格上下限，在很短的时间内，致使投资人选中的标的资产一下子就跌破或涨过上下限范围。据我所知，不少投资人在标的资产上涨过程中，通过网格交易陆续卖出标的资产直至完全卖出，而后不假思索地再次建立新网格仓位，一直交易到行情急转直下被套牢为止。网格交易法的交易中，若标的资产价格跌至网格下限之下，除非再加资金扩大网格可交易的范围，否则网格交易法在网格价格下限之下的任何价格都是无法低买高卖的，手中的仓位仅能随波逐流，等待价位重回设定的价格区间内。

事实告诉我们，网格交易法在许多走势中的报酬绝对比投资人想象中低，也并非 100% 赚钱，但目前却有不少券商过度美化该交易方法，让不少投资人掉以轻心地随意使用网格交易法，并随意设定网格交易的参数。这些举动难免会让网格交易最后是白忙一场。

（3）交易成本较高

频繁的低买高卖动作也让网格交易法的交易成本偏高，

虽然每次的卖出动作都代表着将低价买入的标的以较高的价格卖出，但频繁的交易也代表着较高的交易成本。若是设定的网格价差太小，交易成本占每次交易利润比例太高，长久下来，以为赚得盆满钵满，但实际的结果却与想象中天差地别，故在交易频率较高的网格交易中，交易成本必须是一项考虑重点。

网格交易法的智慧运用

在了解了网格交易法的要素及其优缺点之后，我们就可以知道网格交易要做得好，一定要避开缺点，发挥其优点，如此才能得心应手。

在交易投资上，许多成功或许无法复制，但是失败却各有各的理由。被巴菲特称为“西海岸哲学家”的查理·芒格有句非常著名的话“反过来想，总是反过来想”。我们想要知道如何才能升职加薪，先要研究如何才会降职减薪；想知道交易要如何赚钱，先要知道怎样做会导致亏损。在做网格交易之前，多思考过去别人做网格交易为什么会亏，过去自己做网格交易为什么不能赚。能够躲过愈多失败的因素，获得成功的概率就愈大；若能避开所有的失败因素，那就一定会成功。

我们来看一下，会导致网格交易亏损的原因到底是什么，什么事一定不要做。尽可能把会失败的原因列出，然后在未来的交易上避开这些事。先不要考虑怎么做才能赚大钱，先不亏绝对比赚钱来得重要。初学者到底为什么使用网格交易会亏呢？

①随意选择标的资产。该标的资产基本面不佳，可能长期下跌，甚至有下市无法交易的风险。因为要赚的是长期波动的钱，连续亏损多年有退市风险的个股，虽然或有转机，但既然选用了网格交易法，本身在交易逻辑上就不是以捕捉突发性利好为主的方法。

②选择标的成交量太小。该赚时无法建立仓位或出场，不该亏时却亏了。特别是网格交易法的交易频率比较高，对于流动性有一定程度的要求，若常常无法成交，网格交易的低买高卖无法形成优势。最常见的是常常低买一直成交，高卖却常无法成交，网格交易根本无法正常进行。

③没有耐心。进场建立网格后，常任意修改网格交易的参数。进场后可能觉得波动太小，又改动网格的价差，过两天又觉得波动太大，再修改网格的价差；或者进场后觉得赚

太慢而去修改网格每 1 单位进出场资金（或股数）。不断改变，反而绩效更不稳定。

④对网格交易全然不解或一知半解即随便开始。可能听说网格交易很稳定，或者听说别人使用网格交易赚钱，就一头热地去做网格交易，结果不知如何设定网格交易参数，或进场前随意设定，使得效果不佳。

⑤没有计划且无纪律。常有投资者在进场之后，行情上涨，仓位却已卖光，但由于种种因素，再建立新的网格，然后行情反转直下，很长一段时间没有回到上下限的格内。所以在进场前应该计划，若是标的资产涨到网格上限之上或是跌至网格下限之下，接下来应该怎么做。

⑥网格设定后即放手不管，导致发生错误而不自知。例如觉得是下跌行情，故将网格设定为下跌较多就买入，反弹一点就卖出，导致卖出价格低于成本。例如，下跌 3% 买入 1000 股，反弹 1% 则卖出；若行情下跌 9% 没有反弹，则买入 3000 股，之后行情反弹 3%，仓位全数出清。这样操作，就算价格未来回到原先价位，也赚不到钱。

⑦资金调配失当。由于网格交易法有时资金使用率不高，特别是在行情不断上涨的过程中，许多投资者会将暂时空闲资金调走作为他用，或者投入其他标的网格交易，当行

情回头时发现没有了当初计划的买入资金，使低买高卖动作无法顺利进行。

⑧买入标的过于集中。如投资者买入的标的过于集中，使整个账户的交易特性接近长期持有而非网格交易，那么会使账户的净值波动较大，因为获利来源将偏向持仓而非行情上下波动。

⑨交易成本太高，而网格的格数太密，长期无法获利。例如，证券交易常常有5元的最低手续费设定，而投资者因为交易单位太小，使成本高于获利。

虽然网格交易法有很多的优点，但也有缺点。与其他的交易方法相比，网格交易对一般人来说是比较舒服的，加上这几年市场上一些券商会提供量化交易平台系统，网格交易法对大多数人来说，已可以轻易地完成执行。但一定要记住的是，网格交易法绝不是交易上的万灵丹，对所有人也并非是最优解。故在做网格交易之前，一定要先了解网格交易的基本原理及特性，知道网格交易法的利弊所在。此外，按照计划执行及遵守纪律，才能让网格交易法顺利持续下去。

本章问题

1. 网格交易法的五个要素是什么？我是否已经熟知了？

2. 根据网格的五要素，现在想象一下自己有30000元，你强烈预感到未来3个月ETF一定在1.05~1.3元之间震荡，而且观察到平均每天高低点波动大约2%左右，现在是否可以画出一个网格表，并决定好每一格每次要买进或卖出多少股。

3. 网格交易法一定会赚钱吗，为什么？

4. 做网格交易时，什么错误一定不能犯？我知道了吗？写下来！当你真正进行网格交易时，看看自己是否犯了这样的错误。

第三章

网格交易的内涵

不要为了网格交易而网格交易，

除非你真的了解网格交易法与其他交易方法的不同之处。

网格交易的获利来源

网格交易利润的来源主要有两个。第一个是行情上下波动，导致低买高卖的利润。第二个是行情上涨，原先底仓还没有卖出去的利润。毕竟在投资者建立底仓后，遇到上涨的走势就逐步卖出，下跌就逐步买入，只要行情一直在网格之内，我们就会有足够的资金及仓位可以买卖，慢慢地通过低买高卖将钱一点点赚进来。网格交易最后的收益则是持仓的收益加上网格低买高卖的收益，所以总仓位若一定是赚钱的，则最后标的资产的价格应该在进场价之上。

如图 3-1 所示，若投资人建仓食品 ETF（515710.SH）的价位在 0.868 元的 A 点，经过一段时间，若食品 ETF 当前的价位在进场价格 A 之上，为 B 点，则我们可以赚到持仓收益加网格收益两种利润；若当前价位刚好等于进场时 A 价位，如图中之 D 点，则我们所赚的刚好是网格收益；若目前价位小于进场时之 A 价位，如图中之 C 点，则要视网格收益是否可以弥补持仓的损失而定。所以中长期来看，我们仍然是希望行情能在网格之内，且出场的价位在进场价位之上这两个条件。

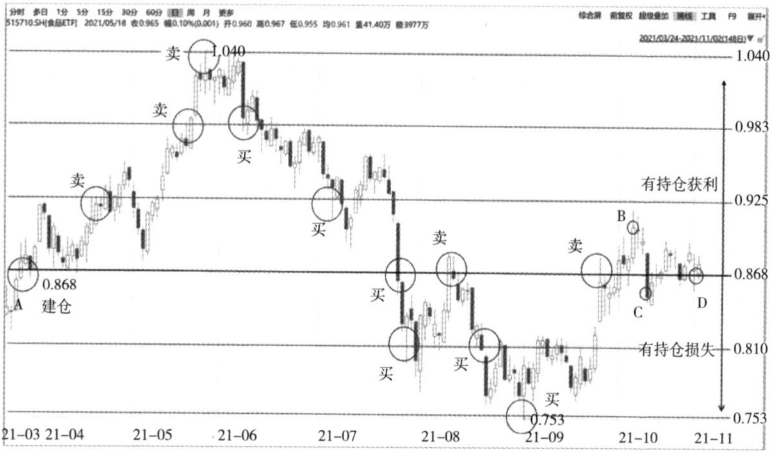

图 3-1　2021 年 3 月至 11 月食品 ETF 网格交易图

我们可以更进一步了解网格交易法的获利组成结构，直接举一个简单的例子来说明。我们假设建立了一个 ETF 的网格交易表（如表 3-1 所示），起始的价格是 1 元 / 股，每上涨 0.1 元则卖出 1000 股，每下跌 0.1 元则买入 1000 股，网格的上下限区间包括了起始价格的上下各有 70% 的空间。从表中可以观察到，如果 ETF 的价格上涨到 1.7 元 / 股时，我们将会把手中的仓位全部卖出，成为空手的状态。如果标的 ETF 价格下跌到 0.3 元 / 股，我们将会一直买入直到持有 14000 股 ETF。如果 ETF 的价格一直在此区间，我们来思考一下，未来行情均在此网格区间上下涨跌波动，损益情况将会如何呢?

表 3-1　　某 ETF 的网格设定

格数	价位	每格仓位	总仓位	单笔资金
0	1.7	0	0	0
1	1.6	1000	1000	1600
2	1.5	1000	2000	1500
3	1.4	1000	3000	1400
4	1.3	1000	4000	1300
5	1.2	1000	5000	1200
6	1.1	1000	6000	1100
7	1.0	1000	7000	1000
8	0.9	1000	8000	900
9	0.8	1000	9000	800
10	0.7	1000	10000	700
11	0.6	1000	11000	600
12	0.5	1000	12000	500
13	0.4	1000	13000	400
14	0.3	1000	14000	300

我们将网格交易法的损益分成两个部分，第一部分是“网格损益”，第二部分是“持仓损益”。先探讨第一部分的网格损益部分。如上表所示，每一次网格买入的数量是1000股，每上涨0.1元则会卖出1000股，我们将这样的情

况定义成“完成一次网格交易”。若是行情从 1.0 元下跌至 0.9 元，再下跌至 0.8 元，再下跌至 0.7 元，虽然连续三次跌了三个网格的价格区间，但由于没有任何一次的卖出行为，因此不视为完成任何一次网格交易。由于每一次的卖出是 1000 股，故在行情没有任何跳空的前提下，每次的网格损益就是 100 元。所以当我们进行网格交易时，只要发现有卖出的动作，就知道我们又完成了一次网格交易。

网格交易法的第二部分是持仓损益。持仓损益实际就是持有仓位剔除掉网格损益的部分。由于开始时，我们持有的仓位是 7000 股，当 ETF 的价格由 1.0 元涨至 1.1 元时，我们在 1.1 元卖掉 1000 股的仓位，这 1000 股赚了 100 元，但是剩下的 6000 股并没有卖出，这 6000 股的仓位也由 1.0 元的价格涨至 1.1 元。按照当时的价格计算赚了 600 元，虽然没有平仓出场，但是账面上是赚钱的。如果 ETF 价格再往上涨，从 1.1 元涨至 1.2 元，这时我们会再卖出 1000 股的仓位，同时手中仅剩下 5000 股的持仓，这 5000 股的持仓每一股再赚 0.1 元，又赚了 500 元。所以当 ETF 行情从价格 1.0 元涨至 1.2 元时，我们卖出两次的持仓，网格损益赚了 200 元，网格交易的持仓损益则赚了 1100 元（600 元 +500 元），总计赚了 1300 元。

但值得留意的是，若行情又从1.2元的价格下跌至1.1元时，我们买回1000股的持仓，这时手中全部持仓变回6000股，网格损益仍是200元，没有任何减少，但是未平仓的持仓损益，却从原来总获利的1100元变回600元。所以，除非结束网格的交易，否则网格交易中的持仓损益会按实时的ETF价格来反映是赚钱或亏钱，而且在网格交易初期所占网格交易损益总体金额的比重很大。

我们用一个简单的图来说明，网格交易的网格损益部分和持仓损益部分。从图3–2我们可以发现一些在网格交易法中有趣的特征。

①若不使用网格交易法，我们在1.0元时即买入7000股ETF，一直持有到1.7元的价格后一次性全部出场，赚的钱会比网格交易法多。按照图3–2来看，若1.0元的价格进场，持有到1.7元卖出则可以获利4900元；但若使用网格交易法，假设ETF的价格上涨不回头，一直到1.7元时，却仅能有2800元的获利，这其中包括了700元的网格利润及2100元的持仓利润。除非在这期间，ETF的上下波动够大，网格交易能跟随波动再来回多执行21次（读者可自行在图3–2中数一数），否则持有且全仓进出利润会比较好。

②在3–2图的网格交易法中，由于网格交易法中的每一

网格的金额是固定的，当我们知道要设定的网格格数时，就可以清清楚楚地计算出来：使用网格时总数固定“持仓利润”最大值是多少金额，持仓利润到那一格价位时又是多少？ETF 在某个价位出场时，网格交易要完成多少回才能比不做网格好？举例来说，若在价格 1.0 元持有 ETF 仓位，在价格 1.3 元时全部出场，那么只要能多来回 3 次的网格（即多了 3 次承接买入的动作再卖出），这时网格交易法的利润就会比其他交易法好。

③进而，网格的格数愈多，网格损益所占的比重会愈小，持仓损益所占的比重会愈大。我们也可以由图 3–2 来说明一下，若网格交易只有 1 格，即从 1.0 元上涨至 1.1 元即全部出场，这时投资者可以把全部的损益都视为网格损益。若网格设置只有 2 格，即由 1.0 元上涨至 1.1 元再涨至 1.2 元，那么在 300 元损益当中，有 200 元的损益属于网格交易损益，另外 100 元属于持仓损益。所以当网格的格数逐渐增加时，网格交易损益所占总损益的比例会一直不断地缩小。所以，网格数量增加时，虽然投资者想增加来回网格的交易次数，但无形中也推升了持仓损益的占比。

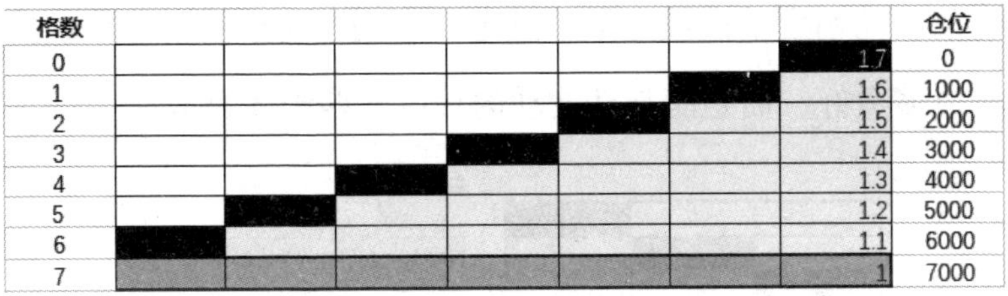

图 3-2　图格交易法之网格获利构成分解图（7 格）

④若网格格数愈多，网格交易法之利润（含网格利润及持仓利润）在无来回买卖情况下将愈接近无网格交易法之利润的 50%。这时，投资者可能会有一个想法，若是增加网格数量，即每一网格非常的小，在暂时不考虑手续费前提下，是否可以靠交易次数变多而赚到钱，变成比不使用网格交易法更好的方式？我们比较 3 格的网格与 6 格的网格（图 3–3）发现，网格格数的增加，为了让利润与没有网格交易相同，要增加的交易次数，并不是线性增加 2 倍而已，而是呈等加数列增加：

3 格网格要多增加的网格交易次数：（3–1）+（3–2）=3 次

6 格网格要多增加的网格交易次数：（6–1）+（6–2）+（6–3）+（6–4）+（6–5）=15 次

N 格网格要多增加的网格交易次数：$\sum_{1}^{n-1}(N-1)$

网格设定格数愈多，为了使网格交易的利润能增厚，所要增加的交易次数将愈多，困难度将愈高，而标的资产在日内的波动幅度及次数有限，且每日不同，所以网格的数量并非愈多愈好，而是能与其波动的程度相匹配才是最佳。

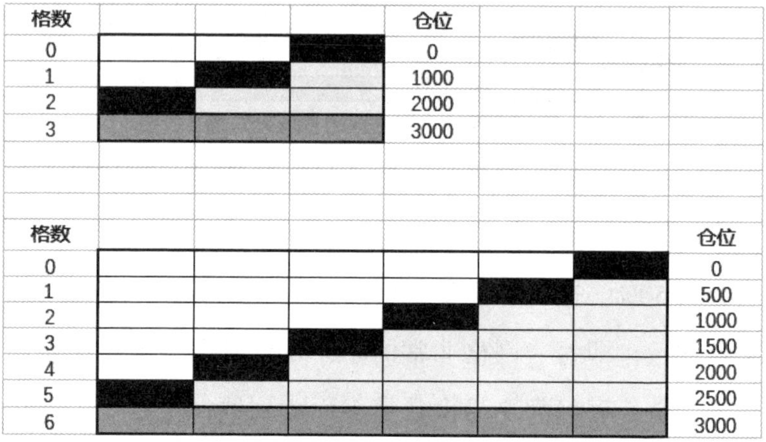

图 3-3　网格交易法之格数与网格交易次数

但是投资者持有仓位做网格交易之时，并非行情只会上涨，也有下跌的时候，这时就要在进场价位之下进行持续买入的动作。在起始建仓价位之下买入的仓位，不仅原本的仓位会亏损，若标的资产的价位继续下跌，新建仓的仓位也会亏损。所以当建立网格交易时，价格开始下跌，就必须多准备资金承接仓位，然后等标的物上涨赚网格交易中一格的钱，原先建仓的仓位不过是回到进场价格而已。我们也可以从图 3–4 看到，若将整个网格的损益用图形表现出来，原来网格交易的进场价位下面有那么大的区域，所以很多不了解网格交易的投资人，刚开始会觉得网格交易好像不会亏，但进场做了之后却觉得网格交易是骗人的，其实这一切都是因为对网格的获利与损失结构缺乏了解。

图 3-4 可以让我们更深刻地看到三件事：

①由于网格交易中的每一格的获利是相同的，故网格交易要能够舒服的话，最好是能在进场价位之上不断地上下震荡，如果价格能在网格中来回穿越次数愈多，则不仅账户上永远不会亏损，甚至只要次数够多，赚得比买进持有法还多，故最好的选择是：买在个股或 ETF 的相对低档或在上升趋势中的震荡行情下买入。

②在起始进场价位之下所进场的网格仓位，不代表着获利潜能更大，这些进场仓位未来也仅能获利一个网格的利润。

③若要降低持仓成本，读者可自行参考图 3-4 计算，至少要多少次才能将持仓成本降低。例如，建仓的进场成本是 1.0 元 / 股，由于我们买进了 7000 股，则在交易中，要有 7 次的完整网格交易（即 7 次的卖出）才能降低基本持仓 1 格网格距离的成本。

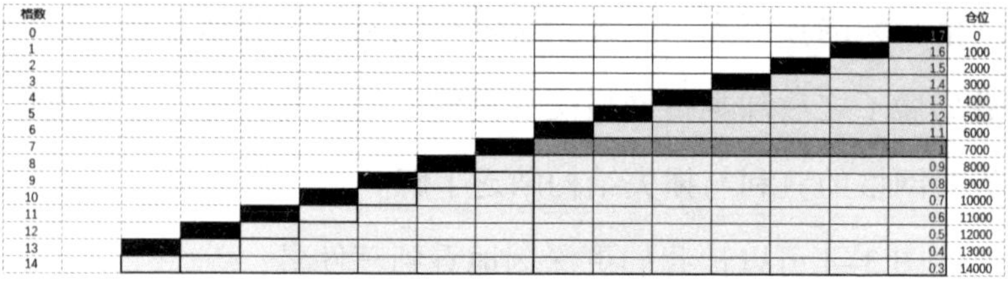

图 3-4　网格交易法之在网格区域内之损益图解

让我们再次深刻了解一下，“持仓损益”的收益来自于行情的上涨，而“网格损益”的收益则来自标的资产波动，故我们希望两种利润最大化。我们需要持有的标的在某时间段价位在设定的区间内，且未来价格将高于进场价且波动够大，若能满足这些条件，则可以获利。但是要满足这些条件说难不难，但配合上未来的报酬来考虑却不容易。

有人提出反驳，只要上下限设得够宽，反正时间够长，建仓成本迟早可以降下来，赚钱也是早晚的事，但是在有限资金的前提下，太宽的网格表示着过少的交易次数，也可能表示较低的利润，而其利润所需时间与投资者预期相差千里。基于获利考量，最后还是要根据网格的特性来解决问题：找到波动较大的标的、设定较好的上下限及找到好的进场点，如此便可以解决网格多数的问题。技术性的解决方法可以用分散标的物、基本面或技术面的方法来解决。

网格交易的类型

许多人当初做网格交易法的初衷是希望透过不选股、不预测及不费心的原则来达到获利的目标，所以在过去有许多人对网格交易进行改进，希望能透过对基础网格交易法的缺点进行改善来达成获利更佳的目标。所以市场上会将网格交易法大致分成基础网格交易法、不等比网格交易法及动态网格交易法。

（1）基础网格交易法

基础网格交易法是最原始、最简单的网格交易法，一般包括等差网格及等比网格交易法。

①等差网格交易法。在设定网格交易的时候，设定网格的差价为固定差值，例如上证沪深300ETF的网格交易，起始建仓基准价格为5元，若设定0.050元为固定差值，故其网格交易会在5.050元、5.100元、5.150元、5.200元……，每上涨0.050元卖出固定股数（或金额）的份额；若行情下跌，其网格交易会在4.950元、4.900元、4.850元……，每下跌0.050时买入固定股数（或金额）的份额。其买入及卖

出价位如表 3–2 所示。

表 3-2　沪深 300ETF 等差网格交易法之网格设定

格数	价位	每格仓位	总仓位	单笔资金	总金额
0	5.300	700	0	0	0
1	5.250	700	700	3675	3675
2	5.200	700	1400	3640	7315
3	5.150	700	2100	3605	10920
4	5.100	700	2800	3570	14490
5	5.050	700	3500	3535	18025
6	5.000	700	4200	3500	21525
7	4.950	700	4900	3465	24990
8	4.900	700	5600	3430	28420
9	4.850	700	6300	3395	31815
10	4.800	700	7000	3360	35175
11	4.750	700	7700	3325	38500
12	4.700	700	8400	3290	41790
13	4.650	700	9100	3255	45045
14	4.600	700	9800	3220	48265
15	4.550	700	10500	3185	51450
16	4.500	700	11200	3150	54600
17	4.450	700	11900	3115	57715
18	4.400	700	12600	3080	60795
19	4.350	700	13300	3045	63840
20	4.300	700	14000	3010	66850

②等比网格交易法。在设定网格交易的时候，设定网格的差价为固定比例。例如沪深 300ETF 的网格交易，起始建仓基准价格为 5.000 元，若设定 1% 为固定比例的差值，故其网格交易会在 5.050 元、5.101 元、5.152 元、5.203 元……，每当沪深 3000ETF 上涨 1%，卖出固定股数（或金额）的份额；若行情下跌，其网格交易会在 4.950 元、4.901 元、4.851 元……，每下跌 1% 时，买入固定股数（或金额）的份额。其买入或卖出价格如表 3-3 所示。

表 3-3　沪深 300ETF 等比网格交易法之网格设定

格数	价位	每格仓位（1%）	总仓位	单笔资金	总金额
0	5.308	700	0	0	0
1	5.255	700	700	3679	3675
2	5.203	700	1400	3642	7317
3	5.152	700	2100	3606	10923
4	5.101	700	2800	3570	14494
5	5.050	700	3500	3535	18029
6	5.000	700	4200	3500	21529
7	4.950	700	4900	3465	24994
8	4.901	700	5600	3430	28424
9	4.851	700	6300	3396	31820
10	4.803	700	7000	3362	35182
11	4.755	700	7700	3328	38510
12	4.707	700	8400	3295	41806

续表

格数	价位	每格仓位（1%）	总仓位	单笔资金	总金额
13	4.660	700	9100	3262	45068
14	4.614	700	9800	3230	48297
15	4.568	700	10500	3197	51495
16	4.522	700	11200	3165	54660
17	4.477	700	11900	3134	57794
18	4.432	700	12600	3102	60896
19	4.388	700	13300	3071	63967
20	4.344	700	14000	3041	67008

两者若设定的网格之格数不是很多或设定每格的差距不是很大，差别其实并不大。但若在设定网格时，上下限的价格相差很大时，使用等比网格的设定，标的资产在价格高时与价格低时，比较不会出现交易频率差别很大的情况。举例来说，若使用等差网格法时，当沪深 300ETF 价格 5.000 元时，等差为 0.050 元 1 格，而这时相当于等比网格之 1%；当沪深 3000ETF 价格 2.500 元时，等差网格法之每一格仍为 0.050 元 1 格，但在等比网格中，每网格仍是 1%，但其网格差距为 0.025 元，在价格若相差 2 倍时，相差之网格的格距为 2 倍，这会成为一格与两格差距的差别。

（2）不等比（不对称）网格交易法

基础网格交易法中买入与卖出的股数（或金额）及每一网格的间距是相同（或同比率）的，这是假设标的资产上涨或下跌的概率是相同的。基础网格交易法，隐含着对市场没有预测或认定市场是随机波动的。但市场有时是有“趋势”的，为了迎合市场的趋势，有人会使用不等比网格交易法，判断市场正处于上升趋势或下降趋势时，即采用不同的网格差距，期望在网格交易法上有更好的绩效。

所谓不等比网格交易法，在上升趋势时，会设定买入的网格差距较小，卖出的网格差距较大；在下跌趋势时，设定买入的网格差距较大，卖出的网格差距较小。

举例来说，在下降趋势中，我们以 2 倍的网格差距买入一次，但以 1 倍的网格差距卖出一次，如果市场正处在漫长的下降趋势中，投资者可以尽可能以更低的价格买到仓位，然后捕捉较小的反弹立即出场，以较佳的节奏渡过不利市况，这样不仅在下跌趋势过程中耗损资金较少，在较小或较少的反弹过程中也可以得到一些网格利润。当上升趋势开始时，再以 1 倍的网格差距买入一次，以 2 倍的网格差距卖出一次，如此在上升趋势中，可以较快且持续地累积仓位再以较大的利润卖出。若上升趋势较长且幅度也较大时，这样的方式比传统方式容易积累仓位，又不至于很快空仓。当然在不等比网格交易法中，可以设定任何投资者觉得适当的比率，不一定要用 2 ：1 的比率设定网格差距。

在图 3–5 中，食品 ETF（515710.SH）左侧的下降趋势中，采用了下跌 2 倍网格差距买入一次、反弹 1 倍网格差距即出场的方式，从 2021 年的 5 月至 9 月 21 日，不等比网格交易法，总计买入 7 次、卖出 6 次。从 2021 年 5 月的最高点 1.014 元跌至最低点 0.753 元，4 个月间，下跌了 25.7%。但在整个下跌的过程中，并未陷入一直买入而无法卖出仓位的泥沼中，行情虽有一段时间不利，但资金的使用却保持良好的状态，就算行情持续下跌，也不会一下子陷入亏损太大且无资金可用的窘境。接下来的 2021 年 9 月下旬的上升趋势中，不等比网格交易调整成上涨 2 倍网格差距卖出 1 次、下跌 1 倍网格差距买入 1 次，在此期间总计买入 4 次、卖出 3 次。使用不等比网格交易法交易，除非遇上非常极端的上涨或下跌行情，否则都不容易陷入下跌无资金可用或上涨时无仓位可卖的窘境。有些投资人为了更有效率地使用网格交易法，会使用不等比网格交易法来交易，不管在下跌趋势或上涨趋势，都可以让损益情况比传统的网格交易法更佳。

但是使用不等比网格交易法对投资人趋势判断正确的要求性极高，一旦投资人对标的资产趋势判断有误，报酬将更差。趋势判断错误时，会在下跌趋势时买得更快、卖得更慢，在上涨趋势时卖得更快、买得更慢，结果适得其反。故不等比网格交易法能否良好运用，重点在对趋势的判断正确与否。

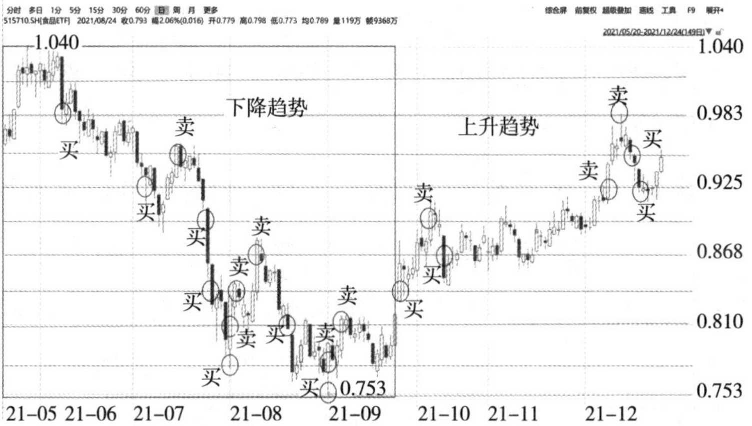

图 3-5　2021 年 5 月至 12 月食品 ETF（515710）之日 K 走势图

（3）动态网格交易法

动态网格交易法则考虑了标的资产在不同的价位时，

使用不同的网格大小来交易。交易者会根据自己对标的资产的历史走势和标的波动特性的了解或基本面的判断来划分其网格的大小距离。在不同价位网格设定完成后，若行情走势能与历史走势相似，动态网络交易即能实现较好的报酬。

举例来说，投资人会按照交易计划，将标的资产分为五大区块，各区块采用不同的网格设定标准（见图 3-6）。首先将标的资产价格较常出现的较密集区域设为“正常交易区”，此价格区域也是所谓统计价位的中位数一带。在正常交易区，投资人可将此价格区间的网格差距大小设定成正常波动率即可。

其次，将标的资产较低价位或较高价位分别设定为 2 个“网格较大区”，此区间价格的网格设定将采用较大的网格差距。最后，在过去出现过的较极端高价或极端低价附近设定为“只出不进区”或“只进不出区”。按照这种方式来划分交易区域，便可以在行情较密集出现的价格区间用正常的网格来低买高卖；出现高价且波动较大时，将网格放大来低买高卖，出现低价且快速下跌时，也将网格放大，避免在行情不利时太快投入资金；在标的资产出现极端价格时，在极低价时以买入为主，在极高价时以卖出为主，理论上长期能获得更好的利润。

如图 3-6 所示，上证 50ETF 大多数时间在 3.00 元至 3.50 元之间，故投资者希望在此密集交易区能正常地低买高卖，赚取网格利润。当价位在 3.00 元之下或 3.50 元之上时，由于波动较大且行情涨跌较快，故将网格差价放大，以获取较大利润。在极端低价区主要以累积资产为主，故会采用只进不出的方式或使用不等比网格交易法，多买少卖累积标的资产，为未来的持仓获利做准备。而在极端高价区则以减少持仓为主，故使用只出不进或不等比网格交易法多卖少买，尽量把低价累积的仓位在此价位附近卖出，以达到最大的获利目的。

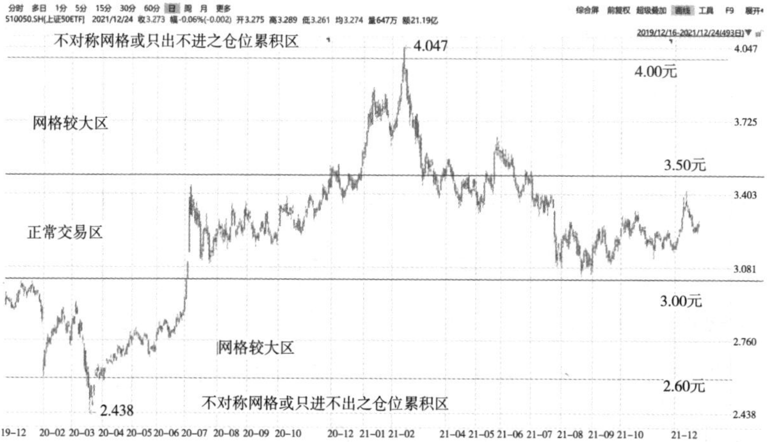

图 3-6　动态网格交易法之区间设定

虽然这种方法看似可以将网格交易法发挥到极致，但由于行情价位有时并非如投资人所判断，标的资产的高价区与低价区可能与想象差距颇大，这也可能会导致动态网格交易法的绩效与想象中差距较大。

当然还有许多类似方法、资金、网格大小不同的分布模型，但决定最终收益大小的是标的资产的实际走势。再“科学合理”的模型也不能保证实操中获得最大收益，再“愚蠢”的模型也挡不住鸿运频频眷顾。

卖出认沽期权与网格交易

卖出认沽期权其实也就是网格交易。对于期权，很多人不是很了解，其实期权交易就是针对一个双方约定好的契约内容来交易，而该契约是在交易所可供交易的标的。期权有所谓认购期权及认沽期权。认购期权是指期权买方（权利方）在支付一定权利金后，有权在约定时间（行权日）以约定价格（行权价）从卖方手中买进一定数量的标的资产的期权合约，买方享有的是买入选择权。而认沽期权则是指期权买方（权利方）在支付一定权利金后，有权在约定时间（行权日）以约定价格（行权价）将一定数量的标的资产卖给期权卖方（义务方）的期权合约，买方享有的是卖出选择权。虽然以上解释非常拗口，但请务必再多读几次，并试着了解。

根据上面对认沽期权的解释，期权的卖方（义务方）到期时有义务履行买方（权利方）的要求。如果投资者是期权卖方，那么当买方要求卖方到期时必须（也只能）用行权价买入买方卖出的 ETF 时，卖方就必须要买入。用实际的例子来说，投资者在 2021 年 11 月 2 日卖出了 11 月 24 日到期的沪深 300ETF 期权 1 张，权利金为 585 元（报价 0.0585 元 / 股），行权价为 4.9 元。所以到了 2021 年 11 月 24 日收盘时，投资者（期权认沽卖方）可以观察当时的标的资产沪深 300ETF 的价格是否低于 4.9 元，若是低于 4.9 元，买方会行使他的权利，即要求期权卖方用 4.9 元的价格买入沪深 300ETF10000 股（卖出 1 张期权，则每一张契约为 10000 股），卖方即到期时必须以 4.9 元，也就是高于市场价格买入 10000 股沪深 300ETF，但那权利金 585 元仍是期权卖方的。若是当时沪深 300ETF 价格高于 4.9 元，买方就不会要求卖方以 4.9 元的价格买入沪深 300ETF 了，因为买方自己到市场上卖掉手中的 300ETF，比以 4.9 元卖给期权认沽的卖方划算多了，所以期权认沽卖方就白白赚到 585 元的权利金。所以对认沽期权的卖方而言，只要标的资产沪深 300ETF 不下跌，就可以赚到钱，若标的资产 300ETF 下跌，则看下跌的损失能否被权利金 585 元弥补。

假设卖出 2021 年 11 月行权价 4.9 元的认沽 1 张（标的资产为沪深 300ETF10000 股），与我们所述的网格交易满仓同样是 10000 股。期权成交价为 0.0585 元 / 股，卖出的成交价格就是当时的隐含波动率所决定的价格，这也是市场上大家交易出来认为未来市场会以这个波动让我们低买高卖网格交易 10000 股一个月可能赚到的钱。我们现在发挥一下想象力，当 ETF 价格上涨时，卖出认沽期权是赚钱的，但每上涨一个单位，每一单位会愈赚愈少，从图 3–7 中我们可以发现，每上涨 2%，每单赚的钱会愈少，上涨 5% 之后，几乎行情再上涨也赚不到任何钱了，这就好像网格交易中，我们已经将手中的持股卖光了，这时上涨也与你无关了，我们就最多能赚这么多钱。而行情下跌时，我们会亏钱，但最后只要到期日时，300ETF 能在 4.9 元之上，我们就一定能赚钱，这也和我们先前所述的网格交易一样，4.9 元是起始的建仓价位，只是在期权交易上，市场已经根据标的物的隐含波动率将一切都决定好了。

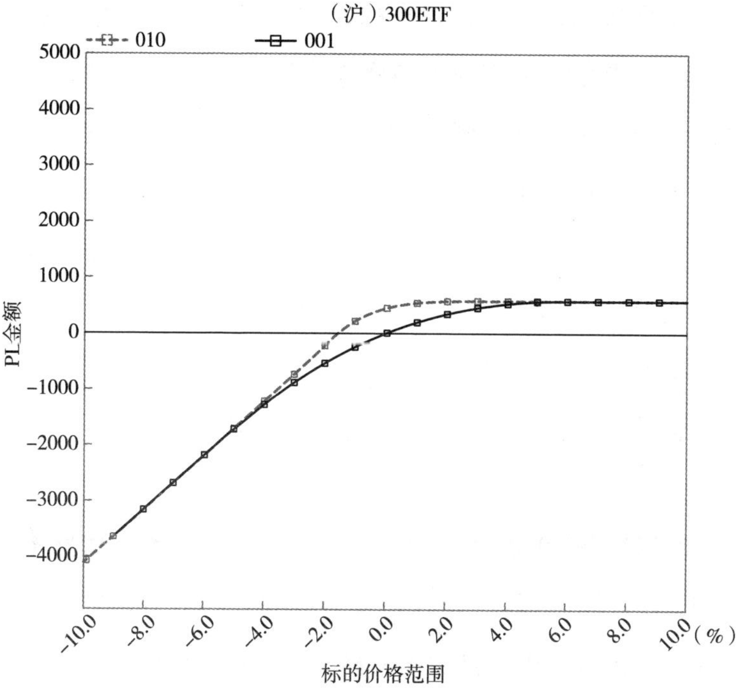

图 3-7　卖出行权价 4.9 元认沽损益图

那为什么期权在 −10% 位置（图 3−7 最左下角）往上涨，赚得比较多呢？因为那时的上涨是 delta=1（或非常接近 1），用网格交易法的理论来说，此价位网格交易基本上已经是满仓了，所以损益以 45 度角的幅度上升一阵子。

大家再想象一下，假设 11 月 24 日结算在 4.9 元的价格之上时，要在什么情况卖出认沽期权才能赚得比较多呢？就是当隐含波动率很高的时候。隐含波动率愈高，代表着我们卖出认沽期权的权利金很高，卖出认沽可以收到的权利金才多，潜在收益才是高的。把这件事对应到网格交易中，在同样的情况下（将网格做到 11 月 24 日），要在什么情况网格交易才赚得多呢？即唯有真实波动愈大时，网格交易才赚得愈多，当实际波动大于隐含波动率时，我们在网格交易所赚到的钱会比卖出认沽期权多，反之，若是实际波动很小时，网格交易赚的钱比卖出认沽赚得少。

所以准备 49000 元去卖出认沽是一个“天然”的网格交易法，不仅格子都帮你定好了，实际波动也帮你决定了，甚至你不用每天去操作自动化网格交易。但这个网格交易法有到期日，且离到期日前的每天网格持有的股数不一样（delta 不同），网格差价也不同（即 Gamma 值），当市场对波动率看法改变时，网格持有股数及网格差价也会不同，这也是期权让许多人费解的地方，令多数人望而却步，但期权实际的风险却和网格交易一样，如果你把卖出认沽期权的杠杆控制好，一切都与网格交易相似。但期权的杠杆是最令大多数投资者兴奋的部分，往好的方向来说，至少可以不用借钱放大杠杆投入网格交易了。

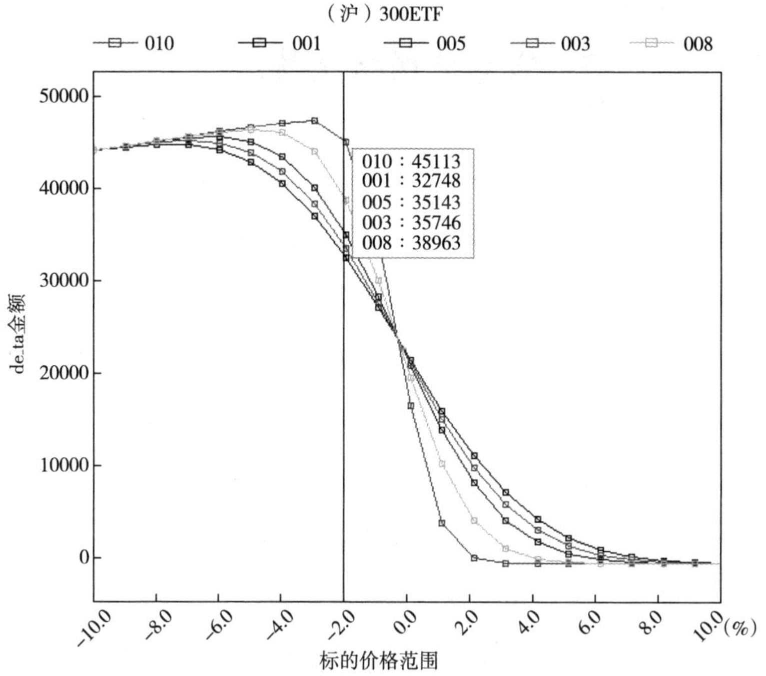

图 3-8　卖出行权价 4.9 元认沽，在不同到期日时之 delta（以金额表示）的变化

说到这儿，是不是已经发现，原来我们卖出认沽期权交易就是网格交易。明白有些网上交易外汇或比特币时，强调用网格交易没有风险、可以双向开网格（多方网格与空方网格）的说法，投资人可以用卖出认沽及卖出认购来思考，到底有没有风险，这时是不是就很清楚明白了呢。

雪球与网格交易法

雪球产品是典型的结构化产品，若标的资产（一般是指数）在固定时间内上涨某个程度，则产品结束，投资者可以获得固定的年化报酬；若固定时间一直在某个价格区间内，也可获得某固定年化报酬；但若是行情下跌较多，则投资人自行负责与标的资产相同的损失幅度。产品的底层收益由券商以场外合约的形式提供，除非标的暴跌，否则投资者大概率会赚钱，就算亏损，也是与标的资产的跌幅相同。听起来很公平，对投资人相对有利，但是赔钱的生意谁会做呢？只要了解网格交易的特性后，投资人也可以利用网格交易复制一个雪球产品，而且标的物的选择更多样，不限于中证 500 指数。

我们看到市面上雪球产品的“年化”收益看起来高，数字相对有吸引力，但致命性的缺点是盈利持续期太短，不可能长年累月地提供 14% 以上或更高的年化收益，而且雪球产品一般挂钩指数，若指数稍有上涨，产品即敲出结束，使雪球产品看起来年化收益很高，但实际的收益却不多，就像你昨天买了一只股票，今天涨了 2% 后立即卖出，计算后的年化收益高达720%，但是有可能我们天天赚2%吗？退而求其次，10天赚个2%，若能持续，年化也高达72%，所以雪球的资金无法连续地产生复利增长，这样的特性是投资者要事先知道的。

在雪球产品中，要拿到理想中的收益，需要标的资产的行情配合才行。若标的资产长期下跌，是无法产生收益的；若是发生了暴跌（敲入），投资者仍然会有亏损，并非绝对不亏。最好的情况是标的资产上涨发生敲出，投资者就可以拿到约定的报酬。可见拿到雪球的报酬是需要符合一定的条件的，真正要取得很高的收益依赖于标的资产的表现。所以买入雪球的时机点也预示着是否可能拿到高收益的报酬，一旦大盘暴跌，不但收益拿不到，发生本金亏损将是可预见的结果。

到底雪球与网格交易法是什么样的关系呢？我们举例说明一下雪球的交易方式。假如你有1000万资金，如果判断中证500指数长期向上震荡，那么可以将一半资金500万元买入中证500指数ETF，当指数下跌时，再逐渐加仓，比如指数每下跌2%，加仓50万元，当指数下跌20%后，你的资金即全部用尽，这时候你已满仓中证500指数，收益和中证500指数同涨同跌，相当于券商雪球产品的敲入情况发生。但你的损失却没有中证500指数来得大，因为仓位是逐步加仓而来的，下跌了 20% 之后才满仓。

如果中证 500 指数下跌幅度不大，仅仅在一个区间震荡且不超过 20%，到期前都没发生敲入，那么这段时间就会一直有高抛低吸的交易动作，每上涨 2%，抛出 50 万元，每下跌 2%，买入 50 万元。每次赚 1 万元，每次都有千分之一的收益，如果中证 500 指数震荡剧烈，一年下来收益就非常可观。我们仔细想想，这不就是网格交易法吗？

当然中间还是有一些不同的地方。例如，雪球产品的敲出线都设得不高，如果你建仓后，大盘持续上涨，那你就同样每间隔 2% 卖出 50 万元，要上涨 20% 才会全数出场，而大盘下跌后再买回。若是标的资产行情快速上涨，你的年化收益将会比券商发行的产品还高。

雪球产品在很大程度上与网格交易法相似，只是设定了一些出场的条件。在快速上涨敲出时，网格交易的“年化”收益较高；在下跌敲出时，网格交易的损失也较雪球产品少；仅有在长期区间震荡且实际的波动较小使交易次数不如预期时，表现较差。如果了解网格交易，我们可以自己设计一个雪球产品，甚至使用衍生品的贴水，如中证 500 指数期货，这贴水甚至可以再增强收益年化 6% 以上，了解并使用网格交易法何乐而不为呢？

本章问题

小青2022年6月30日买进光伏ETF（516880）10000股，于8月15日1.461元全部出场，其间做网格交易，每格0.02元，每次1000股。其间卖出33次，买入26次，其交易如下图所示。请问小青网格获利多少元？持仓获利多少元？（省略不计交易费用）

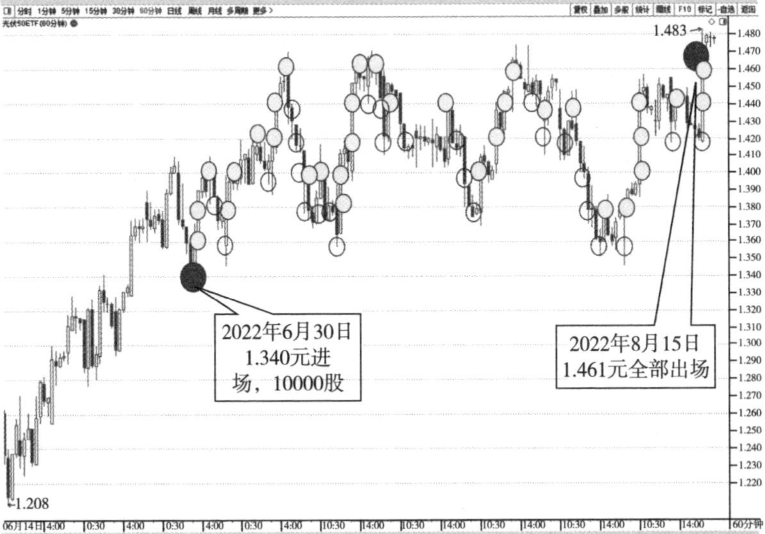

第四章

网格交易的标的

有没有一种投资标的，它的公平性高、流动性好、交易成本低又不会退市？

目前市场上似乎只有 ETF 同时具备了这些特性。

在交易上，我们常常会研究过去的历史，到底有哪些标的比较适合做网格交易。当然过去和未来不能等同，就如同过去的报酬永远不能代表未来，但我们唯一知道的一点是：未来源自过去却不同于过去，只有当我们充分地了解过去的经历，过去才能为我们所用，帮助我们更好地选标的物进行未来的投资。

可以当成网格交易的标的很多，在市场上只要会涨会跌，正常情况下可以买卖的标的都可以成为网格交易的对象，如股票、基金、期货、期权或数字货币等。但很多人第一次接触网格交易都是在外汇或比特币等衍生品市场中，几乎 24 小时不间断交易加上买方或卖方不受限制，使网格交易在该市场风靡一时，24 小时都能赚钱的标语也让许多投资人趋之若鹜。但是由于标的资产是使用杠杆的衍生品，实际手续费不低，加上不时剧烈波动，只要风险控制不佳，爆仓追缴之事时有所闻，故网格交易法在外汇或比特币市场的使用不见得适合多数人。况且这些交易所或公司往往不在国内，不仅合法性有问题，而且若遇到交易技术性灾难更会求偿困难，所以在网格交易中，标的物之选择一定要经过慎重的考量。

除了上述的问题外，网格交易具有需要经常性买入卖出及长期持有仓位的特性，标的物的交易成本及安全性或是否容易解套的考量就非常重要。综合考虑交易方便性、交易成本低、标的物之流动性佳且兼具长期向上趋势的优势，在可选择的标的物中，笔者认为二级市场中的ETF有着最接近适合网格交易法中的所有特性，虽然波动性及多样性不如股票、杠杆，资金使用特性不如期货、期权等衍生品，但以长远的安全性及稳定性来看，ETF却提供了一个良好舒适的网格交易环境，不仅没有爆仓问题，若能配合ETF定投等简单方式，更无股票套牢或下市的风险性，因此或许入门网格交易，ETF将是最好的选择。

ETF是什么

20世纪70年代，“指数基金之父”约翰·伯格提出一个概念，市场由投资者组成，因此一半的投资者表现会超越市场，一半的投资者会被市场打败。因此，如果我们能够获得市场平均水平的收益，就已经战胜了一半的投资者。基于此，1976 年第一只指数基金先锋 500 指数基金（Vanguard 500 Index Fund）诞生，用以跟踪标普 500 指数。该指数追踪衡量美国大盘股市场的标普 500 指数，包括了美国 500 家顶尖的上市公司，占美国股市总市值的 80% 左右。

此后，ETF 作为一种便捷的“指数化投资”工具，自 20 世纪 90 年代开始蓬勃发展。截至 2021 年年底，全球 ETF 产品达到 8702 只，资产总规模达到 10.27 万亿美元（见图 4-1），是全球金融市场增长最快的产品之一。

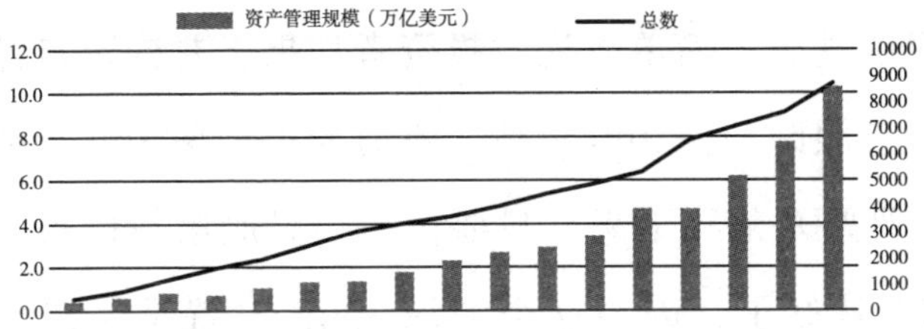

图 4-1　2005~2021 年全球 ETF 总数及资产净值

资料来源：statista。

我国从 2005 年 2 月第一只 ETF 华夏上证 50ETF 上市交易至今，国内的 ETF 发展快速，特别是近两年发展迅猛，发行数量和资产净值都几近翻倍。截至 2021 年 12 月末，ETF 市场共有 641 只基金产品，资产净值 14180.53 亿元（见图 4-2）。

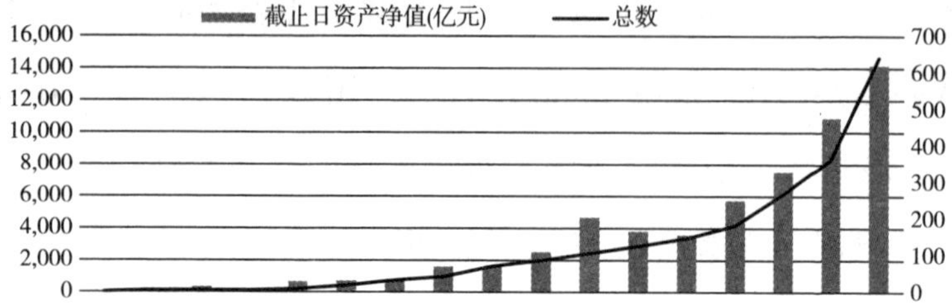

图 4-2　2005~2021 年国内 ETF 总数及资产净值

资料来源：wind。

那 ETF 究竟是什么呢？为什么能获得成功呢？

ETF（Exchange Traded Fund）的中文为“交易型开放式指数基金”，是一种追踪证券指数并可以在证券交易所进行买卖的基金。简单点说，投资者如果想要构建自己的投资组合来跟踪沪深 300 指数，不需要把沪深 300 指数中的 300 只股票全部买下来，只要像买一只股票一样买入沪深 300ETF 就好了，因为这个沪深 300ETF 就是一档内含了 300 只股票的基金。它的涨跌与指数相仿，而这只基金也跟其他股票一样在二级市场中交易，买卖价格全由投资人出价买进或卖出决定，与股票不同的是，交易成本更便宜而已。

是的，你没有看错，像操作股票一样买进或卖出，不用透过申购或赎回的手续来持有或出场，只要直接在市场上买卖即可。

投资者通过持有跟踪某一指数ETF，获得与该指数基本相同的报酬率。通过直接买卖ETF，投资者不用花一大笔钱购买一篮子股票，也可以直接投资指数。除此之外，投资者搭配其他国家指数ETF、商品型ETF等，可以进行充分的资产配置。

ETF的特色可以从以下几点概括：

①投资者像买卖股票一样购买ETF。ETF的价格是实时变化的，不像基金反映某个时点的资产净值，每天仅有一个价格提供申购与赎回。

② ETF以追踪大盘指数为目标，获得接近标的指数的业绩表现，是一种被动性投资。所以投资ETF就是直接买入指数，与直接买入股票是一样的动作，ETF涨跌幅度与所跟踪的指数相仿，比如上证50、沪深300或者一些行业类指数等。

③ ETF的手续费更低廉，不用印花税，而且价格的透明度更高，不用担心经理人的道德风险。

用一个简单的例子理解ETF。目前国内A股上市将近5000只股票，包括贵州茅台、宁德时代、招商银行等，如果投资者想要购买上述股票进而建立自己的投资组合，不仅花费成本高，而且如果想要通过追踪大盘来分散风险，还需要定期的动态平衡。有些股票的单价较高，想要持股需要花费较多的资金。以贵州茅台（600519.SH）为例，2022 年 7 月 14 日的收盘价为 1953 元，最低购买 100 股，需要约 19 万元的资金！但是投资者可以通过 ETF，例如持有酒 ETF（512690.SH）来间接投资该股票，同时花费更低。也可投资例如食品饮料 ETF（515170.SH），前十重仓股包括贵州茅台（600519.SH）14.9%、五粮液（000858.SH）15.24%、伊利股份（600887.SH）9.98%、泸州老窖（000568.SH）9.11%、山西汾酒（600809.SH）7.95% 等。食品饮料 ETF 在 2022 年 7 月 14 日的收盘价为 0.788 元，购买 100 股仅需 78.8 元，就可以间接持有与贵州茅台股票类似的走势标的。

ETF 的壮大发展与其自身的特点息息相关。费用低廉、流动性高、分散投资、简单透明使得其越来越受到各类投资者的欢迎。除了被动型 ETF 外，目前主动型 ETF、各类主题 ETF 也越来越丰富，未来将会有越来越多不同种类的 ETF 创设，满足不同投资者的需求。

下面就来看看这些 ETF 到底包括哪些内容。

ETF的种类

目前针对 ETF 的分类没有一个统一的标准，可以根据资产类别、投资区域、投资风格等分类，为投资者提供多种选择来满足不同的投资目的。若我们使用最常用的分类，ETF 可分为五大类（如图 4-3），分别为股票型 ETF、债券型 ETF、商品型 ETF、货币型 ETF 及跨境型 ETF。

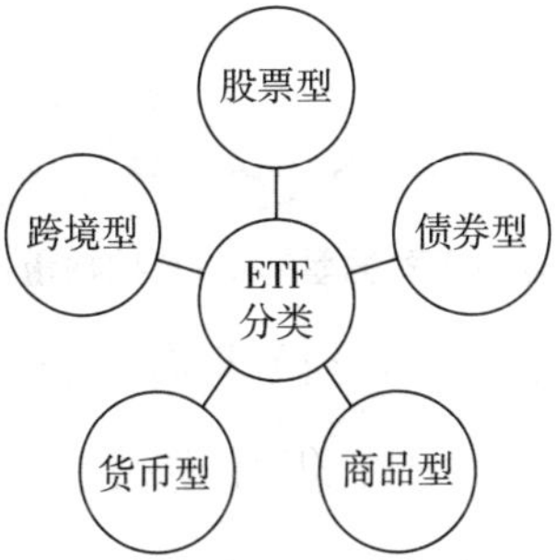

图 4-3　ETF 的分类

截至 2022 年 6 月 30 日，我们按照资产类别的数量来看（图 4-4）：股票型 ETF 占的数量最多，占了总体的 81.7%，且随着每个月增加的数量来看，股票型 ETF 未来所占的比例会愈来愈高；其次是跨境型 ETF，占比为 9.9%；再次货币型占 3.9%、商品型占 2.7% 及债券型占 1.9%。所以在数量上，股票型 ETF 占了绝对的优势，这也代表着市场需求殷切，所以基金公司不断发行股票型 ETF。以欧美的证券二级市场来看，股票型 ETF 数量在过去十年呈指数型增加，交易量也占了整体的股票交易的 30% 以上，所以我国股票型 ETF 在未来数年仍有相当大的成长空间。

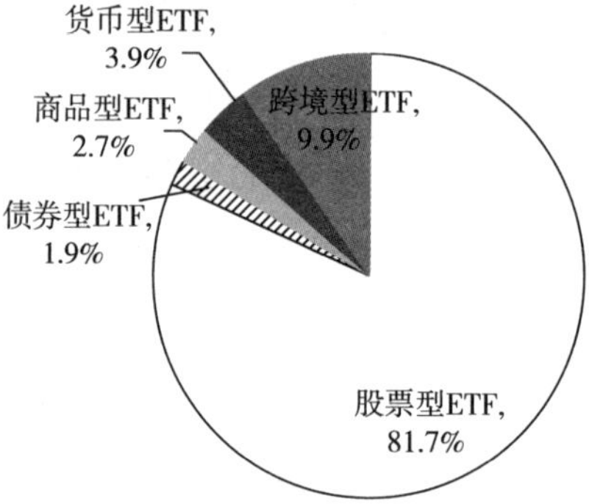

图 4-4　不同类型的 ETF 按数量占比

若按照 ETF 的资产规模来看（图 4-5），截至 2022 年 6 月 30 日，股票型 ETF 仍独占鳌头，占所有 ETF 资产 63.5%。其次是货币型 ETF 占 22.9%，近期火爆的跨境型 ETF 占 10%，虽然目前所占的比重不大，但可间接投资海外挂牌且大家耳熟能详的龙头企业，如腾讯、阿里巴巴、拼多多等公司，也可投资美国、日本、德国等发达国家的指数，故跨境型 ETF 也前景良好。商品型 ETF 占 1.9%、债券型 ETF 占 1.7%，在熊市到来之时，也获得了不少投资者青睐。

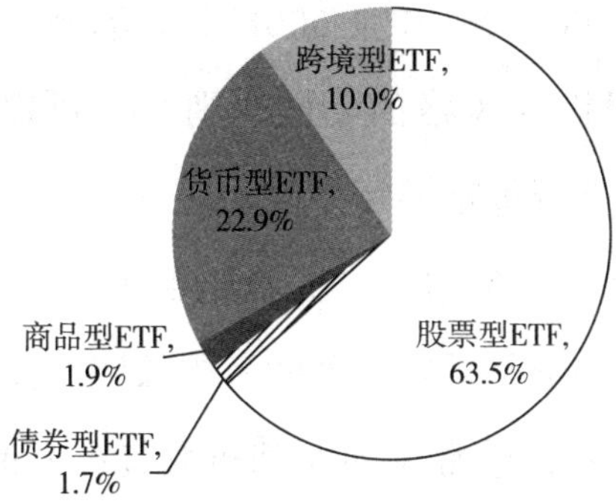

图 4-5 不同类型的 ETF 按资产规模占比

（1）股票型 ETF

股票型 ETF 的投资标的是在证券交易所上市交易的股票，而 ETF 是以跟踪股票相对应指数为准。举例来说，若这档 ETF 是沪深 300ETF，那么我们就可以知道这档 ETF 的持仓就是以沪深 300 指数的股票为主，持股比例也是按照编制沪深 300 指数的持股比重来持有的，这样就可以让沪深 300ETF 走势与沪深 300 指数价格涨跌趋于一致。

根据投资市场的不同，股票型 ETF 可以分为单市场股票型 ETF 及跨市场股票型 ETF。如果标的指数 ETF 只包括沪市股票，或是只包括深市股票，称为单市场股票型 ETF。主要包括上证 50ETF、上证 180ETF 等基金。如果标的指数 ETF 既包含沪市股票又包含深市股票，则称为跨市场股票型

ETF，如沪深 300ETF、中证 500ETF 等基金。

若是根据投资风格的不同，则 ETF 可以分为宽基类、行业类、主题类及策略类等类型。

宽基指数以常见的混合大盘指数为主，若是投资人对于未来经济大趋势是乐观判断时，中长期的投资首选当然就是宽基指数 ETF，最常见的宽基指数有：上证 50 指数、沪深 300 指数、中证 500 指数、创业板指数等，投资人可据此投资上证 50ETF、沪深 300ETF、中证 500ETF 等指数基金。这些股票指数通常由证券交易所或者第三方机构编制，来反映股票市场整体的价格变化。不同的股票指数反映的波动状况有所不同，在整体市场方向一致，但涨跌幅各自有异，都反映了其代表的市场整体变化（图 4–6）。

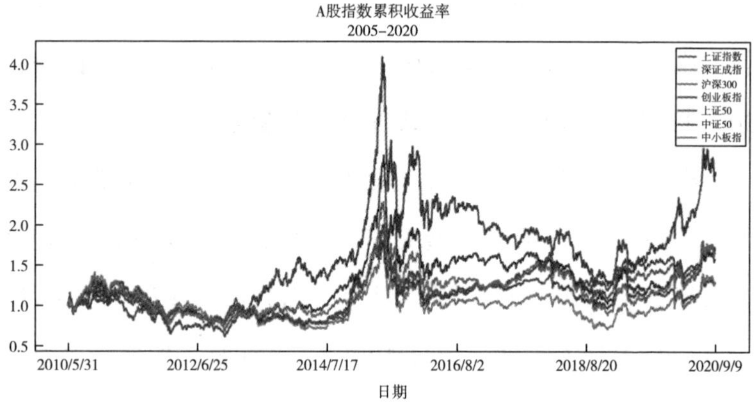

图 4-6　A 股指数累积收益率

行业类 ETF 以追踪某一个行业中的股票涨跌为主。由于各个行业受到不同因素影响会有不同的变化，如产业政策、汇率、货币政策对不同行业有不同程度的影响及冲击，所以投资人对产业有深刻了解或熟知目前政策对某行业有正面影响时，可买入行业类的 ETF，例如能源行业指数、消费行业指数、医药行业指数、半导体行业指数等。

主题类 ETF 则是针对特定的市场热点和趋势所编制的主题指数，其内容可能横跨多个产业，使得投资人可以不透过选股，就能够一眼知道自己如何参与不同题材的投资，例如人工智能 ETF、智能车 ETF、碳中和 ETF 等。

策略类 ETF 基于因子投资的概念，使得投资者能够参与特定选股因子的投资，如规模因子、低波、成长、动量等，以期获得超额收益。

表 4-1 整理出一些常见类别的股票型 ETF 供投资人参考，看看你到底想投资哪些项目的未来。

表 4-1　　股票型 ETF 举例

类别	代码	名称	比较基准	管理费
宽基	510050.SH	上证 50ETF	上证 50 指数	0.5%
	510300.SH	沪深 300ETF	沪深 300 指数	0.5%
	510500.SH	中证 500ETF	中证 500 指数	0.5%

续表

类别	代码	名称	比较基准	管理费
行业	512880.SH	证券 ETF	中证全指证券公司指数收益率	0.5%
	159995.SZ	芯片 ETF	国证半导体芯片指数收益率	0.5%
	512170.SH	医疗 ETF	中证医疗指数	0.5%
主题	510880.SH	红利 ETF	上证红利指数	0.5%
	515790.SH	光伏 ETF	中证光伏产业指数收益率	0.5%
	515030.SH	新能源车 ETF	中证新能源汽车指数收益率	0.5%
策略	159606.SZ	中证 500 质量成长 ETF	中证 500 质量成长指数收益率	0.5%
	512890.SH	红利低波 ETF	中证红利低波动指数收益率	0.5%
	159967.SZ	创成长 ETF	创业板动量成长指数收益率	0.5%

（2）债券型 ETF

债券型 ETF 就是以债券指数为跟踪标的，既可以申赎又可以在股票二级市场交易的基金，包括国债、地方债、信用债、可转债等，来实现对债券类指数的跟踪。以 10 年期国债 ETF（511260）为例，其所跟踪的指数为上证 10 年期国债指数，买入 10 年期国债 ETF 就等于买入了一篮子约 7~10 年到期的国债，投资人透过投资 10 年国债 ETF 可以方便在二级市场享有投资 10 年国债的收益率（图 4-7）。债券型 ETF 具备交易成本及管理费用低、T+0 交易、收益相对稳定等特点，让做股票的普通投资人可以直接在证券账户内便捷地参与债券投资，完成简单的资产配置。

图 4-7　2022 年 4 月至 10 月之 10 年国债 ETF 日 K 走势图

债券型 ETF 的主要产品如表 4-2 所示。

表 4-2　债券型 ETF 举例

类别	代码	名称	比较基准	规模（万元）
债券型	511010	国债 ETF	上证 5 年期国债指数	80,557.83
	511260	10 年国债 ETF	上证 10 年期国债指数	74,578.63
	511220	城投 ETF	上证可质押城投债指数	125,048.67
	511060	5 年地方债 ETF	上证 5 年期地方政府债指数	56,211.63
	511180	上证可转债 ETF	上证可转债及可交换债券指数	12,243.45
	511380	可转债 ETF	中证可转债及可交换债券指数	75,037.11
	511360	短融 ETF	中证短融指数收益率	1,482,464.20
	511030	公司债 ETF	中债－中高等级公司债利差因子指数收益率	526,570.14

注：ETF 规模为 2022 年 10 月份。

（3）商品型 ETF

商品型 ETF 顾名思义即是可以透过基金的形式去投资单一商品或一篮子组合之商品指数。投资者可以通过交易商品型 ETF，对商品进行直接投资或交易。例如，若觉得黄金会上涨，可以直接去投资黄金价格涨跌而不用去买与黄金相关的股票，这就是商品类 ETF 的好处。常见的大宗商品可分为农作物、畜牧、金属、能源等。目前发行的商品型 ETF 主要以跟踪黄金、能源化工、有色、豆粕为主。投资商品型 ETF 需要留意商品型 ETF 的发行架构，例如通过商品期货来跟踪，需要留意换仓操作对于收益的影响。商品型 ETF 的优点则为投资门槛低，可直接投资参与商品的价格变动，可实现 T+0 交易，使得投资者的投资效率大幅提升，能更有效地资产配置。

举例如表 4–3。

表 4-3　　　　商品型 ETF 举例

类别	代码	名称	比较基准	管理费
金属	159831.SZ	上海金 ETF 基金	上海黄金交易所上海金集中定价合约（合约代码：SHAU）的午盘基准价格收益率	0.5%
	159980.SZ	有色 ETF	上海期货交易所有色金属期货价格指数收益率	0.6%
能源	159981.SZ	能源化工 ETF	易盛郑商所能源化工指数 A 收益率	0.5%

续表

类别	代码	名称	比较基准	管理费
农作物	159985.SZ	豆粕 ETF	大连商品交易所豆粕期货价格指数收益率	0.5%

（4）货币型 ETF

货币型 ETF 也称交易型货币市场基金，是一种可以在二级市场直接买卖，T+0 交易，也可以在交易所场内申购、赎回的货币市场基金。因为货币型 ETF 可以 T+0 交易、收益稳定、在非交易日仍有收益，故非常适合作为股票账户闲置资金的现金管理工具。

货币型 ETF 举例如表 4–4 所示。

表 4-4　　货币型 ETF 举例

类别	代码	名称	比较基准	规模（万元）
货币型	159001	货币 ETF	活期存款基准利率 *（1– 利息税税率）	23,869
	511660	货币型 ETF 建信添益	活期存款基准利率 *（1– 利息税税率）	2,235,254
	511850	财富宝 ETF	活期存款基准利率 *（1– 利息税税率）	697,498
	511990	华宝添益 ETF	同期 7 天通知存款利率（税后）	14,033,956
	511880	华银日利 ETF	活期存款基准利率 *（1– 利息税税率）	11,646,776

注：规模为 2022 年 10 月。

（5）跨境型ETF

跨境型ETF是将全部或部分资产投资于中国内地以外的证券指数所对应的证券组合之开放型基金，为投资者提供了参与全球化资产配置的工具。跨境型ETF是非常简便的投资国外的品种，对投资者来说是非常重要的工具。目前国外的跨境型ETF具有举足轻重的地位，例如在美国其跨境型ETF占ETF规模的20%、欧洲跨境型ETF占30%、新加坡跨境型ETF的占比则高达80%。而中国内地目前跨境型ETF占比仅10%，未来仍有不错的成长空间。通过跨境型ETF可投资不同国家的大盘指数或境外主题指数，目前中国内地的跨境型ETF主要跟踪美国、德国、日本等市场，例如纳斯达克指数、德国DAX指数、日经225指数等。同时，跨境型ETF实行T+0交易，相比于传统的开放式QDII基金资金使用效率更高。

主要的跨境型ETF举例如表4-5所示。

表4-5　跨境型ETF举例

类别	代码	名称	比较基准	管理费
跨境型	159605	中概互联ETF	人民币计价的中证海外中国互联网30指数收益率	0.5%
	513330	恒生互联网ETF	恒生互联网科技业指数收益率（经汇率调整）	0.5%

续表

类别	代码	名称	比较基准	管理费
跨境型	513060	恒生医疗 ETF	恒生医疗保健指数收益率（经汇率调整）	0.5%
	159941	纳指 ETF	纳斯达克 100 指数收益率（经汇率调整）	0.8%
	513980	港股科技 50ETF	中证港股通科技指数（人民币）收益率	0.5%
	510900	H 股 ETF	恒生中国企业指数（使用估值汇率结算）	0.6%
	513030	德国 ETF	德国 DAX 指数收益率（经汇率调整后）	0.8%
	159612	标普 500ETF	标普 500 指数收益率（经估值汇率调整）	0.6%

标的的选择

市场上有那么多 ETF 品种，我们如何挑选合适的 ETF 呢？在此，笔者列出挑选 ETF 的几点考虑因素。

首先，要知道自己的需求是什么，知道自己的能力范围究竟在哪里。举个例子，若是投资者长年都投资半导体行业，非常清楚半导体的景气循环原理，那么选择半导体的 ETF 可能会驾轻就熟。如果投资者看好我国长期的经济发展，但对行业没有什么特别的想法，那么选择宽基类 ETF 指数会比较好。或者，对于未来两三年某个赛道十分看好，例如新能源车或碳中和市场，那么就可以投资相关ETF，一方面省去选股的困扰，另一方面手续费也低，投资更省心。

至于要如何寻找这些ETF呢？一般从ETF的名称、追踪指数、持仓信息就可以知道要投资的标的内容及范围是什么。投资人只要将报价软件打开，找到ETF的页面，就会有一堆的ETF可供挑选了。我们以方正证券小方软件为例（图4–8），进入软件后，在自选股标签处（图4–8标示1处），选择基金项目（图4–8标示2处），则可看到想挑选的ETF，点击鼠标后即可进入ETF报价页面。

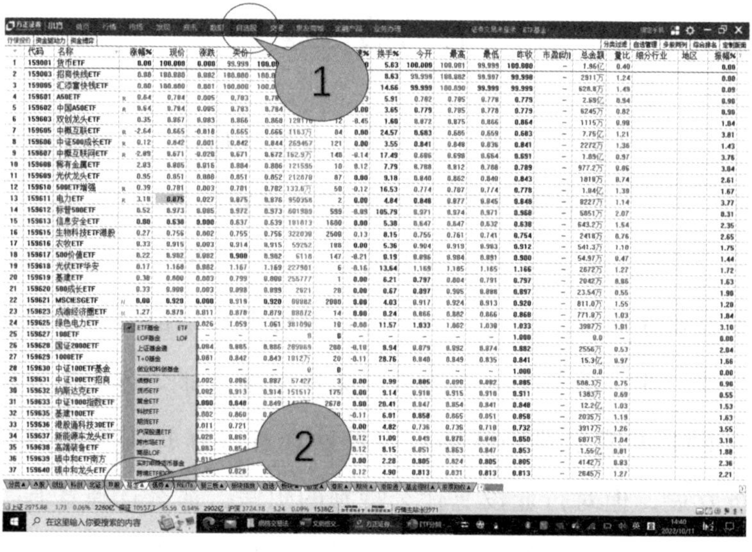

图4-8　报价软件ETF之报价

接下来，就可以从 ETF 的名称来了解这是不是我们所要投资的 ETF。例如华夏上证 50ETF（510050.SH），华夏指 ETF 的发行公司为华夏基金；上证 50 表示该基金追踪的指数由沪市 A 股中规模大、流动性好的最具代表性的 50 只股票组成，反映上海证券市场最具影响力的一批龙头公司的股票价格表现；ETF 为该基金的结构。投资者可以通过点击鼠标或输入 510050.SH 代码来交易该 ETF。

有的时候，就算我们看了 ETF 名称仍然无法知道该标的投资内容或追踪的指数，这时就需要获取更详细的资料来帮我们进一步地了解该 ETF 主要持股及跟踪的指数。仍以方正证券小方软件为例来说明，例如我们不知道绿色电力 ETF（159625.SZ）的投资标的是什么，那么只需在绿色电力 ETF（159625.SZ）的报价页面同时按 Fn+F10 这两个键，即可进入 ETF 基金的基本资料页面（图 4-9），接下来投资人可以根据想查找的内容，用鼠标点击页面上方的基金简介、单位净值、投资组合、投资分析、行业分析等 16 个细项。从这些项目中，就可以找到此 ETF 追踪的内容、主要的持仓项目、目前的净值及经理人等各种细节资料。

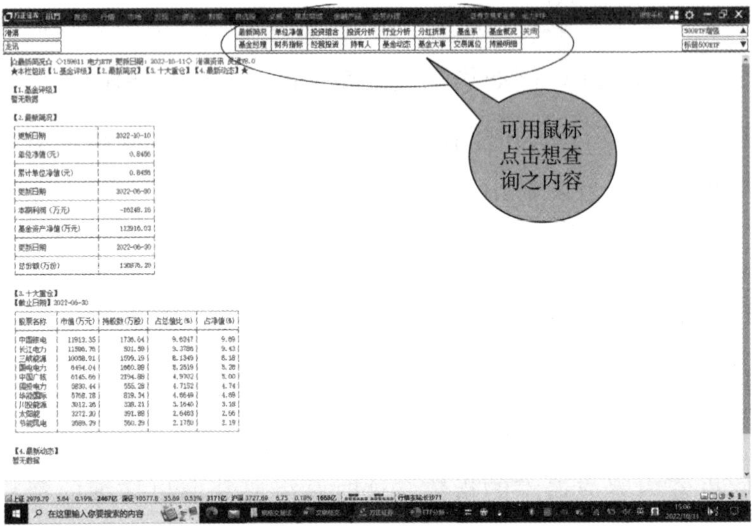

图 4-9 报价软件之 ETF 基本资料项目内容

投资人也可以通过交易所网站去查询想投资的 ETF 持仓，而 ETF 的优点之一就是持仓透明。投资者可以通过上交所（http://www.sse.com.cn/disclosure/fund/etflist/）或者深交所（http://www.szse.cn/disclosure/fund/currency/index.html）网站查看 ETF 公告申购赎回清单，了解 ETF 的成分股信息（见图 4-10）。

上海證券交易所 SHANGHAI STOCK EXCHANGE　　请输入关键字

成份股信息内容

证券代码	证券简称	股票数量(股)	现金替代标志	申购现金替代溢价比率	赎回现金替代折价比率	替代金额(单位：人民币元)
600000	浦发银行	2700	允许	10%	0%	-
600011	华能国际	1000	允许	10%	0%	-
600018	上港集团	700	允许	10%	0%	-
600019	宝钢股份	2000	允许	10%	0%	-
600028	中国石化	3000	允许	10%	0%	-
600031	三一重工	1300	允许	10%	0%	-
600036	招商银行	2800	允许	10%	0%	-
600048	保利发展	1600	允许	10%	0%	-
600050	中国联通	4200	允许	10%	0%	-
600061	国投资本	600	允许	10%	0%	-
600085	同仁堂	200	允许	10%	0%	-
600089	特变电工	900	允许	10%	0%	-
600104	上汽集团	1100	允许	10%	0%	-
600109	国金证券	500	允许	10%	0%	-

图 4-10　上海证券交易所网站 ETF 成分股查询

在掌握了 ETF 的基本信息后，我们可以对其价格及流动性指标进行进一步的了解。其中，与价格相关的有 ETF 的价格、实时估算最新基金净值（IOPV）、跟踪误差等。流动性可以通过资产管理规模、折溢价、交易额等指标来衡量。选择流动性较高的 ETF，意味着投资者负担更小的“买卖价差”成本。下面对几个名词进行简要的解释。

价格：盘中实时交易出来的价格，由市场供需决定。

实时估算最新基金净值（IOPV）：根据构成 ETF 的组合证券的最新成交价格计算得出，是 ETF 净值的实时估计。通常来说，ETF 的价格紧跟 IOPV，投资者可根据 ETF 价格和净值的差别，对 ETF 当前的折溢价程度做出判断。

折溢价：ETF 的实时价格通常与其实时净值并不完全一

致。当价格 >IOPV 时，ETF 处于溢价状态；当价格 <IOPV 时，ETF 处于折价状态。ETF 的折价率计算公式如下：

折价率 =（价格 –IOPV）/IOPV

以图 4–11 为例，510050.SH 在 2022 年 10 月 11 日的日内走势。当天收盘价为 2.578 元 / 股，IOPV 为 2.580 元 / 股。图中较粗的线为 ETF 盘中价格走势，较细的线为 IOPV 走势，可以看出 ETF 的实时价格与 IOPV 的走势基本一致。

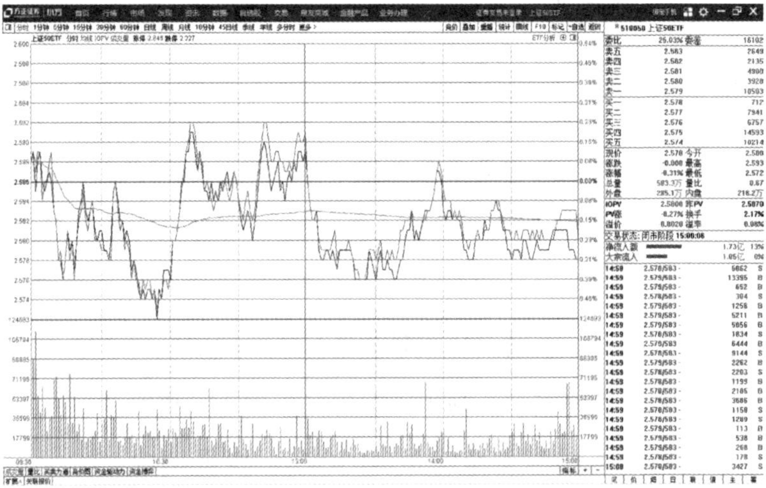

图 4-11　510050.SH 在 2022 年 10 月 11 日的日内走势

最后投资人在选择要投资的 ETF 时，追踪同样指数的 ETF 可能有很多，例如追踪新能源车的 ETF 就有 7 只（图 4–12），这时选择资产管理规模越大及交易量越大的 ETF 越好。一般来说，ETF 资产管理的规模越大，流动性越好，买卖价差越小。此外，ETF 追踪误差及 ETF 资产规模大小也是衡量基金下市风险的很好的指标。

	代码	名称↓		涨幅%	现价	涨跌	买价	卖价	总量	现量	涨速%	换手%	今开	最高	最低	昨收	市盈(动)	总金额	量比	细分行业	地区	振幅%
2	563000	中国A50ETF	R	0.51	0.782	0.004	0.781	0.783	470.3万	7	-0.25	6.31	0.779	0.785	0.777	0.778	-	3.74亿	1.13			1.03
3	159602	中国A50ETF	R	0.77	0.785	0.006	0.783	0.785	821154	130	0.00	3.76	0.779	0.785	0.778	0.779	-	6422万	0.78			0.90
4	517350	中概科技ETF		-1.48	0.534	-0.008	0.534	0.535	18205	94	0.00	0.94	0.538	0.539	0.532	0.542	-	97.41万	1.84			1.29
5	513050	中概互联网ETF	R	-1.70	0.924	-0.016	0.924	0.925	1543万	199	0.00	4.34	0.942	0.944	0.920	0.940	-	14.3亿	1.05			2.55
6	159607	中概互联网ETF	R	-3.04	0.670	-0.021	0.670	0.671	100.7万	6951	0.00	10.11	0.686	0.690	0.664	0.691	-	1.13亿	0.93			3.76
7	159605	中概互联ETF	R	-2.70	0.664	-0.019	0.664	0.665	1212万	58035	-0.14	25.63	0.683	0.685	0.659	0.683	-	8.08亿	1.16			3.81
8	159645	疫苗龙头ETF	R	-1.82	0.970	-0.018	0.969	0.970	97569	100	0.00	8.03	0.989	0.989	0.962	0.988	-	947.7万	0.88			2.73
9	159646	疫苗ETF基金		-1.75	0.841	-0.015	0.841	0.842	131557	10	-0.11	8.45	0.850	0.852	0.835	0.856	-	1106万	1.07			1.99
10	159643	疫苗ETF		-1.74	0.845	-0.015	0.844	0.845	311688	55	0.00	16.90	0.858	0.859	0.838	0.860	-	2632万	0.97			2.44
11	512330	信息科技ETF		0.26	0.773	0.002	0.771	0.773	2530	67	0.13	0.05	0.770	0.775	0.766	0.771	-	19.47万	0.26			1.17
12	159939	信息技术ETF	R	-0.54	0.916	-0.005	0.916	0.917	506256	5970	0.00	3.02	0.921	0.927	0.911	0.921	-	6378万	1.55			1.74
13	159613	信息安全ETF		0.00	0.638	0.000	0.636	0.640	101017	4	0.00	5.38	0.647	0.647	0.632	0.638	-	643.2万	1.42			2.35
14	516390	新能源汽车ETF		3.02	0.955	0.028	0.954	0.956	367945	2	0.10	9.50	0.929	0.960	0.929	0.927	-	3501万	1.92			3.34
15	159637	新能源车龙头ETF	R	2.35	0.870	0.020	0.869	0.870	703770	517	0.00	11.10	0.849	0.876	0.849	0.850	-	6127万	0.95			3.18
16	515030	新能源车ETF	R	2.88	1.787	0.050	1.788	1.789	113.9万	300	0.17	2.18	1.743	1.797	1.743	1.737	-	2.03亿	0.77			3.11
17	159806	新能源车ETF	R	2.83	0.763	0.021	0.762	0.763	639439	5811	0.13	3.21	0.745	0.769	0.745	0.742	-	4877万	0.85			3.23
18	516660	新能汽车ETF	R	2.88	1.108	0.031	1.108	1.109	550099	200	0.00	12.84	1.082	1.118	1.082	1.077	-	6181万	0.82			[illegible]
19	[illegible]	[illegible]	R	[illegible]	[illegible]	[illegible]	2.322	2.323	[illegible]	143	0.17	2.83	2.258	2.331	2.258	2.250	-	1.54亿	1.08			3.24
20	159824	新能车ETF		2.95	1.152	0.033	1.151	1.152	198842	771	0.09	8.67	1.126	1.160	1.124	1.119	-	2187万	0.94			3.22
21	[illegible]	芯片龙头ETF	R	[illegible]	[illegible]	[illegible]	[illegible]	[illegible]	[illegible]	[illegible]	0.00	[illegible]	[illegible]	[illegible]	[illegible]	[illegible]	-	[illegible]	[illegible]			[illegible]
22	159801	芯片龙头ETF	R	-1.39	0.925	-0.013	0.925	0.926	485613	3059	0.00	2.60	0.936	0.941	0.922	0.938	-	4510万	2.05			2.03
23	588290	芯片科创		-	-	-	-	-	8	0	-	-	-	-	-	-	-	0.0	-			-
24	516920	芯片ETF基金		-1.66	0.534	-0.009	0.533	0.534	137742	300	0.38	2.37	0.544	0.544	0.530	0.543	-	735.1万	1.13			2.58
25	512760	芯片ETF	R	-1.16	0.854	-0.010	0.855	0.856	284.6万	2699	0.12	2.35	0.860	0.866	0.848	0.864	-	2.43亿	1.09			2.08
26	159995	芯片ETF	R	-1.28	0.929	-0.012	0.929	0.930	307.9万	24594	-0.10	2.19	0.940	0.945	0.926	0.941	-	3.62亿	1.04			2.02
27	516350	芯片50ETF		-1.84	0.587	-0.011	0.587	0.580	124922	500	0.17	5.05	0.600	0.600	0.584	0.598	-	735.3万	1.40			2.68
28	561100	消费电子龙头ETF		0.32	0.634	0.002	0.632	0.636	142142	50	0.00	4.66	0.634	0.636	0.630	0.632	-	901.8万	0.94			0.95
29	159769	消费电子龙头ETF		-0.15	0.666	-0.001	0.666	0.667	29429	33	0.00	4.57	0.662	0.672	0.662	0.667	-	196.0万	3.00			1.50
30	159779	消费电子ETF基金		0.17	0.575	0.001	0.574	0.575	45267	20	0.00	4.40	0.592	0.592	0.569	0.574	-	260.7万	0.00			4.01
31	561600	消费电子ETF		-1.25	0.632	-0.008	0.630	0.635	6243	135	0.16	0.78	0.626	0.640	0.626	0.640	-	39.46万	0.30			2.19
32	159732	消费电子ETF		0.00	0.585	0.000	0.584	0.585	112025	60	0.00	6.10	0.585	0.588	0.582	0.585	-	659.4万	1.31			1.03
33	562950	消费电子50ETF		0.16	0.608	0.001	0.606	0.608	79316	82	0.00	7.33	0.607	0.610	0.606	0.607	-	481.6万	1.08			0.66
34	159733	消费电子50ETF		0.00	0.650	0.000	0.650	0.651	72609	5	0.00	14.49	0.650	0.654	0.640	0.650	-	473.9万	1.66			0.92
35	561310	消电ETF		-3.16	0.582	-0.019	0.582	0.586	161045	1257	-0.33	9.37	0.601	0.602	0.570	0.601	-	940.9万	1.21			5.32
36	159747	香港科技ETF		-1.52	0.453	-0.007	0.452	0.453	567066	128	0.00	9.18	0.460	0.461	0.448	0.460	-	2565万	0.96			2.83
37	159750	香港科技50ETF		-1.60	0.675	-0.011	0.674	0.675	815270	2	-0.14	83.52	0.689	0.689	0.665	0.686	-	5490万	1.49			3.50
38	515880	通信ETF	R	1.39	0.800	0.011	0.800	0.801	422411	35	0.00	2.82	0.797	0.807	0.789	0.789	-	3371万	0.97			2.28

图 4-12　相同名称及追踪指数 ETF

根据以上的考虑因素及经验，我们选择 ETF 要留意这些重点：

①根据不同投资目的，可依需求选取不同类别、行业、风格的 ETF。

②对于追踪同一指数的 ETF，选取流动佳、规模大、长期资金净流入的 ETF。

③新上市 ETF 可能存在大幅溢价，因此购买时需要谨慎判断。

④避免选择跟踪误差较大的 ETF 基金。

为什么要选择ETF做网格交易的标的

根据不同的投资目标，我们可以选择不同的投资工具做交易——股票、债券、公募基金、期权等。但 ETF 在交易上具备很多优势，例如交易成本低、股票指数长期向上、透明度高、流动性好、无退市风险等。

（1）交易成本低

在交易上，不管是交易佣金、卖出或赎回的佣金，还是管理费用，ETF 都比通过银行申购或互联网第三方申购的公、私募基金便宜。以交易佣金为例，透过银行或第三方去申购公募基金，其费用为使用证券公司交易平台去二级市场交易 ETF 的 5~50 倍。，此外，赎回或卖出佣金以及管理费，ETF 的成本优势也十分明显（表 4–6）。

相较于股票交易，ETF 交易不用缴纳印花税。许多投资人常常觉得这些交易成本微不足道，但若是常常在市场进出，特别是进行网格交易，如每周交易一次，光是印花税的成本，一年 50 次交易下来，就相差 5%，对报酬影响显著。

表 4-6　　　　　不同渠道 ETF 相关费用

项目	ETF	通过银行申购	互联网第三方基金销售平台	ETF 便宜多少
交易佣金	证券公司决定，如万分之三	银行收取，通常 1%~1.5%	0.15%~0.3%	80%~98%
卖出 ETF 或赎回基金的佣金	证券公司决定，如万分之三	通常为 0.5%	通常为 0.5%	94%
管理费	0.5%	1%~1.5%	1%~1.5%	50%~67%

（2）股票指数长期向上

ETF 本身就是一篮子的投资组合，大多数的 ETF 也是以被动式交易去追踪某个股价指数。根据马太效应，大者恒大，资金会往发展好的大型公司靠拢，发展不好的公司会逐渐被剔除出指数。所以世界主要股市的指数都是长期向上的。做网格交易时，许多人认为只要选震荡的标的即可，但由于网格交易在进场初期要持有基本仓位，若持有长期向上的标的资产可以使我们的基本仓位在长期是不会亏损的，在做网格交易时多了一层保障，也让我们在长期交易网格时能够更有信心地持续做下去。就算刚开始建立的起始仓位价格偏高，但只要资金分配得当，或使用 ETF 加定投的方式，便可使网格交易长期获利稳定。

（3）透明度高

ETF会公布每日的申购赎回清单，投资者可以每日清楚地了解基金的持仓。同时，在交易时间段，我们可以看到ETF的连续价格和净值变化，投资者在提交买入或卖出指令时，可以看到最终的成交价格。相较而言，场外交易基金在收盘后才能确认基金净值，投资者无法实时确定最终的成交价格。所以ETF比场外产品更适合做网格交易。

（4）流动性好

ETF的交易特征与股票相似，盘中价格变动即可使用网格低买高卖。其中跨境型ETF、商品型ETF、货币型ETF、债券型ETF可实现T+0交易，大大提高交易效率，使我们当天买入的仓位若上涨即可再卖出，使资金得到更有效的利用。同时，ETF做市商以及一二级市场套利机制的存在，也提高了ETF的流动性。

（5）无退市风险

进行网格交易时，最担心的情况是行情一路向下，直至被套牢，最后退市血本无归。相较于股票，ETF不会归零，几乎不存在退市风险；而相较于衍生品，ETF不存在杠杆。所以最终被套牢下市或者爆仓的风险都较小。

特别是对于宽基指数类的ETF，长期来看指数向上，亦可通过定投加网格的方式拉低持仓成本，最终获得正报酬。

本章问题

使用ETF交易的好处是什么？

第五章

网格交易的方法

“卖出”后在同一个标的ETF再进场的网格交易，与“止损”仓位再进场入另一个ETF的网格交易是一样的。

若两者走势一模一样，则损益也会一模一样。

最大的差别在于，新的标的能否涨得更快、波动更大。

通过前面几章了解了网格交易法的优缺点及内涵后，我们已经明白网格交易法不是万灵丹，并不一定比其他交易法更好，只有在某些情况下会具有比较优势。所以当决定要使用网格交易法后，你必须要知道如何一步一步做好网格交易。

网格交易的步骤

第一步：确认资金量及决定做多少标的

由于每个人的资金量不同，相信有不少投资人是首次做网格交易，想先从小的资金开始做起，所以第一步是先决定要用多少资金来启动 ETF 的网格交易。启动资金量愈大，我们可以做的 ETF 标的将更多。若是仅仅做一种标的 ETF 的网格交易，遇到该标的下跌时，当天的净值会有比较大损失；相反，在当天标的 ETF 上涨时，净值则会有比较大的获利；若是连续数日标的 ETF 的涨跌幅度较小，或许网格无法被触动到，导致我们想多赚些低买高卖的行情波动所产生利润的想法无法实现，使网格交易的效率较差。如果开始就做两种以上标的的ETF，正常情况下，或许当天并不会所有股票的板块全面上涨或下跌，在标的ETF有涨有跌的情况下，不仅可以让账户净值波动平缓，且在标的ETF买入及卖出均有发生时，网格交易的效率较佳，使投资人交易网格时会感觉更加舒服。

故投资人依据自身的资金情况，可选择2~20种标的资产。若太贪心选择的标的ETF太多，会造成管理上的困难。特别是使用手动交易的投资人，适当的ETF数目可让每天的工作不致过量，也不会导致常常挂错单而出错的意外损失。当然若资金太大，考虑到标的ETF的流动性问题，可在同类型的ETF中再增加标的，以避免网格每一格要买入或卖出的股数太大而无法顺利成交。

对于初次使用网格交易法的投资人，建议可以从2档ETF开始。资金量小的投资人，则要先行考量交易成本是否太高，以免每次买入卖出的股数太少，陷入每一网格获利连交易成本都不够的窘境。

第二步：选好标的

由于网格交易法有其特性，若要赚钱，一定要选择标的ETF未来的出场点要高于或接近现在进场点及未来是高波动率的标的ETF。故在选择上，一般会从波动率高、未来前景好且在低档的ETF当中选取，不仅安全性高，也让新手更有信心。

相信一定会有人疑问，若能知道哪些是未来出场点比现在高的标的ETF，那为何要采用网格交易法呢？若是能找到未来出场点比现在高的标的ETF，不如直接全部投入就好了，干吗那么麻烦地做网格交易法？况且，若能确定未来出场点比现在高，全部资金一次性投入的报酬一定比使用网格交易法好。但令人沮丧的事实是，市场充满着不确定性，我们永远无法确认标的ETF的走势会如何，若行情上涨20%，上涨的过程是一次性快速上涨20%，全部投入绝对比使用网格交易法的报酬好，但若是上涨的过程是来来回回半年后才涨了20%，使用网格交易法的结果就可能比一次买进好。若行情不如预期，标的ETF仅上涨5%后又来来回回震荡，然后跌破止损价位，这时使用网格交易法的报酬就绝对比一次性投入好得多。在决定进场前，我们永远不知道这波的ETF

行情能否上涨20%。还有另一点容易被投资人忽视的，就算行情真的可以上涨20%，你确定能抱住仓位至上涨20%后全部出场吗？多数人无法承受中间遇到的波动，使用网格交易法反而乐见这些中间的波动，它可以使你非常容易地将手中持股慢慢出清，多数的时候可以让你获得相对满意的利润。

所以当我们决定好投入资金及标的ETF数量后，第二步即选定要投入的标的ETF。若是投资人有自己的ETF股票池，在股票池中选择即可，不用每次都大费周章地在所有ETF中搜寻。

第三步：设定网格

当标的选择好之后，我们可以根据所选定的标的ETF设定网格的上限及下限、网格的格数及买入基本底仓。

设定网格的步骤如下：

①依照选定标的ETF的技术面、基本面或其他理由，投资人判断未来3个月至半年左右的行情可能区间（时间长度可由投资人自行决定），决定网格交易的上下限。通常刚开始做网格交易可能会将上下限定得非常宽，导致资金使用效率不好，故建议投资人可以先行设定未来一个月或半个月

可能的区间上下限，先尝试开始进场交易，感受一下网格交易的魅力。

②决定网格的价差及格数。一般情况下，网格的格数大约在 6~25 格之间，大多数会设定在 15 格左右。若投资人使用手动交易，网格价差不宜太小，以免盘中的多次交易面临措手不及。况且太多的格数表示每一格网格价差的买卖股数会非常小，频繁交易会导致固定时间的报酬不高且手续费过高。而较大的网格价差虽然致使每次买卖的股数较多，所能产生的利润较高，但触发交易的次数太少，固而网格交易法的效用也不好。所以必须在投资者所设定的上下限范围内设定适当的网格价差，而一般的网格价差会设在 0.5%~3% 之间，如此至少在 1~3 天之内可以触发一回或数回网格交易。

③设定好网格仓位表。根据设定好的上下限及网格价差，将网格仓位表做出来，并将投资人想投入的资金分别在表中列出，如此就可以清楚地知道在什么价位应该买入多少仓位及使用了多少资金。不论未来行情走势如何，只要 ETF 的价格仍在网格之内，投资者就能心中有谱了。

④建立基本底仓并开始交易。根据目前 ETF 的价位，在网格仓位表中应该知道目前应该要持有多少仓位，故可以

在盘中先行建立应该持有的仓位，然后第二天开始网格交易的进出。但若是选择的标的ETF是跨境品种，则可以建立仓位后立即开始网格交易。

虽然许多文章及书籍中写到网格交易的获利与网格的设定并无太大的关系，反而与选定的标的ETF有明显的相关性，但根据我们过去的网格交易经验及多次的回测，若是对每一个标的都使用固定对称的上下限，并用不同网格价差格数的方法来设定网格，长期的报酬非常不一致。只有ETF上涨且在设定的网格内波动时报酬最好，就算赚不到网格低买高卖的收益，也能赚到持仓上涨的利润。所以在选定好标的ETF后，若该标的未来一段时间可能行经的价格与网格设定相符合，且最后出场时的价格比进场价格高，那么获利将会比较好。所以投资人可以根据自己的判断及想法来设定网格交易的上下限及网格的格数，若行情在未来数月都在此区间之内，最后该股向上涨过上限后，交易者就可以完全卖出该标的ETF，这时获利结果会类似雪球的产品敲出。

第四步：开始执行

手动交易者可于交易日的前一天晚上按照先前建立的网

格仓位表的价位预先挂出买入、卖出的价格及仓位数量。而盘中若有成交，如果是卖出动作，则应补入低一格的买进价及仓位；如果动作是买入，则应补入高一格的卖出价及仓位。所以在手动交易的网格交易中，通常网格价差不会设得太小，免得盘中不断补挂单。

若是使用自动交易系统者，则每天应留意是否成交，特别是第一次开始使用时，以免设定错误造成不断买进卖出的无谓损失。

第五步：后续追踪及修正

在开始交易后，应对网格交易做交易记录，以便随时记录网格交易之报酬及成交情况有无异常。由于大多数软件及APP无法分离出网格获利和持仓收益，仅能显示当日损益及累计损益，故做网格交易记录可以在一段时间内更清楚自己设定的网格交易有什么不好的地方，特别是当投资人同时进行多档标的ETF网格交易时。

如果网格交易次数很多，每日不断记录进场价及出场价或许有点不切实际，那么通常仅需记录某一标的ETF当日卖出次数即可。例如2022年1月19日，中概互联网卖出3次，这样每日记录次数及金额并做成走势图供分析观察使用。由于一买一卖即完成一次网格交易，每一次的网格交易均是获利出场的，故在每日的交易中，只要有卖出则意味着网格交易部分的完成，而其他账上有亏钱或赚钱的部分则均为持仓损益。若我们将不同标的的网格获利拿来比较，可以清楚判断哪些标的ETF对于网格交易更具有优势，可以为我们对未来的网格计划不断做出修正提供论据。

第六步：跌破或涨过设定网格的计划

我们凭判断所设定的网格不一定很完美，超出网格范围的情况迟早会发生，是无法避免的事。通常涨幅太快超出网格范围，结局一定是赚钱的，只是比买入持有赚得少，这时可视为获利了结出场，再按新计划入场或换标的ETF再进场即可。至于跌破下限的网格范围，或是上涨的趋势已经转弱，随时有可能跌破网格下限，则可按照个人资金情况及长期需求来决定动作，一般的情况为：

①止盈出场。行情已经在区间内运行一段时间，网格交易已经获利，未涨出网格上限，也未跌破网格下限。但持仓已低，资金使用效率不高，经过研究又发现更好及波动更大的标的ETF，这时可将先前标的ETF提前出场获利了结，

换到更具竞争力的标的。这个做法可以每个月检视一次，用比较系统的方式换标的ETF，这也是运用网格交易ETF比较好的方式。

②止损出场。若我们的目的就是要获取网格获利，跌破下限网格则意味着再也没有网格低买高卖的增厚收益了，这时虽然持仓收益是负数，但止损出场是最好的决定。许多人在做网格交易时不愿止损出场，认为只要资金足够，迟早都是会赚钱的。仔细想想，若是网格交易不止损，根本就等于把资金大量积压在固定的一档ETF上，这时的损益大部分已变成持仓损益，而非网格交易损益，最明智的决定是立即将可用的资金转至更好的网格标的上。标的的转换，其实仅仅是持有的标的名称不同、涨跌方向不同而已，没有必要在持有的标的物的名称上纠结，这不过是将口袋中的钱从左边换到右边，存放的地方不同而已。

③转为定投。如果非常看好某档标的ETF，希望能在低档持有更多的标的ETF，那么可以在网格下限被跌破时开始进入定投模式。固定每周或每月持续买入以降低持有成本，未来在买入成本低于市场价格情况下，再度启动新的网格交易。这样操作下来，未来的收益中持仓收益将大于网格收益。

④将部分 ETF 卖掉，重新建立新的网格。行情无法精准预测，网格无论如何设定，总有机会跌破网格。若不愿意止损换另一个标的，也没有多余资金持续投入定投，这时可将手中持有的部分 ETF 先卖掉，如 20% 的仓位，然后在相同的标的下再度设定一个价格区间较低的网格，若价格有一段时间在此区间，仍能“慢慢地”降低持有成本，若行情上涨，仅只是部分仓位在较低价卖出，未来仍有获利的潜能及机会。

大家可以仔细想一下，卖出一部分仓位再设定新的网格，与止损一部分再投入另一个 ETF 标的其实是一样的，其中的差异仅是新的 ETF 标的是否波动更大、上涨速度更快。若新 ETF 标的波动幅度更大且上涨得更快，当然换标的是更好的选择。大家可以好好地思考中间的差别所在，就更能体会止损换标的的好处了。

⑤等待反弹。这是最不建议的方式。若是如此做，虽然在过程中，账面损失看起来会比全部资金都在第一时间全数出场好，但标的 ETF 价格在网格下限之下时资金是全数停摆的，每日的损益就是 ETF 的价格波动，除非行情能尽快回到网格的下限价位之上，否则网格交易法无法发挥任何功效。为何在此提出“等待反弹”这种情况呢？因为大多数

人在标的 ETF 跌破网格下限时，都会选择作出这样的决定，而这种决定通常是最不好的，故在此写出来提醒大家。

举例示范

第一步：确认资金量及决定做多少标的

某投资人查看自己的账户目前有资金 2.5 万元，故计划对 1 档 ETF 做网格交易法，希望在不确定的行情中可以赚低买高卖的钱。

第二步：选好标的

投资人观察近期波动率较大的 ETF（如表 5-1），并且希望尽量买价格相对较低，或是在上升趋势的标的 ETF，不过初期建立标的时，不容易一下子同时买到符合条件的标的，这时候若是没有止损换标的 ETF 经验的初学者，尽量以选择价格低者为主。若是有经验的投资人，则可以挑选在上升趋势的 ETF，如此可以大概率保证全部仓位出场价位高于进场价位，若标的 ETF 不如预期，则应止损换标的。

表 5-1　　成立一年以上且日均成交量大于 2000 万之 ETF 波动率排名

代码	名称	跟踪指数	指数名称	上市日期	历史波动率	日均成交量
515220.SH	煤炭 ETF	399998.SZ	中证煤炭	2020-03-02	43.98%	113814245
515700.SH	新能车 ETF	930997.CSI	新能源车	2020-02-10	40.79%	131717132
512400.SH	有色金属 ETF	0008100.SH	有色金属	2017-09-01	39.66%	286433548
515030.SH	新能源车 ETF	399976.SZ	CS 新能车	2020-03-04	39.07%	243706560
512690.SH	酒 ETF	399987.SZ	中证酒	2019-05-06	38.53%	402871213
515790.SH	光伏 ETF	931151.CSI	光伏产业	2020-12-18	38.25%	565367425
512670.SH	国防 ETF	399973.SZ	中证国防	2019-08-01	37.13%	96492206
515210.SH	钢铁 ETF	930606.CSI	中证钢铁	2020-03-02	37.07%	73682495
512480.SH	半导体 ETF	h30184.CSI	中证全指半导体	2019-06-12	34.68%	361847319
512760.SH	芯片 ETF	990001.CSI	中华半导体芯片	2019-06-12	34.35%	360387388
159967.SZ	创成长 ETF	399296.SZ	创成长	2019-07-15	34.21%	327892242
159930.SZ	能源 ETF	009028.SH	中证 800 能源	2013-09-16	33.67%	25448541
510410.SH	资源 ETF	000068.SH	上证资源	2012-05-11	33.58%	20876886
512660.SH	军工 ETF	399967.SZ	中证军工	2016-08-08	33.23%	748078149
512170.SH	医疗 ETF	399989.SZ	中证医疗	2019-06-17	32.37%	352456050
512710.SH	军工龙头 ETF	931066.CSI	军工龙头	2019-08 -26	32.22%	202432970
512580.SH	碳中和龙头 ETF	000827.SH	中证环保	2017-02 -28	31.58%	39716915
512010.SH	医药 ETF	000933.SH	300 医药	2013-10-28	31.07%	253458971
513050.SH	中概互联网 ETF	h30533.CSI	中国互联网 50	2017-01-18	31.02%	638162170

续表

代码	名称	跟踪指数	指数名称	上市日期	历史波动率	日均成交量
159949.SZ	创业板 50ETF	399673.SZ	创业板 50	2016-07-22	30.39%	754360104
159814.SZ	创业大盘 ETF	399293.SZ	创业大盘	2020-07-17	30.03%	25503684
515650.SH	消费 50ETF	931139.CSI	ICS 消费 50	2019-11-11	29.40%	39864878
159992.SZ	创新药 ETF	931152.CSI	ICS 创新药	2020-04-10	29.26%	119633353
159928.SZ	消费 ETF	000932.SH	中证 800 消费	2013-09-16	28.84%	99830317
159915.SZ	创业板 ETF 易方达	399006.SZ	创业板指	2011-12-09	27.61%	21888886
512290.SH	生物医药 ETF	930726.CSI	CS 生医	2019-05-20	26.60%	80744916
513900.SH	港股通 100ETF	CES100.CSI	中华港股速精选 100	2018-05-25	25.95%	31653165
512880.SH	证券 ETF	399975.SZ	证券公司	2016-08-08	25.14%	1676555073
930652.CSI	电子 ETF	930652.CSI	CS 电子	2020-03-20	25.09%	50858934
159993.SZ	龙头券商 ETF	399437.52	证券龙头	2020-02-07	24.72%	66185675
515260.SH	电子 ETF	931461.CSI	电子 50	2020-07-31	24.58%	39627524
159807.SZ	科技 ETF	931380.CSI	科技 50	2020-03-30	24.43%	49107838
515050.SH	5GETF	931079.CSI	5G 通信	2019-10-16	24.18%	239430292
513090.SH	香港证券 ETF	930709.CSI	香港证券	2020-03-26	24.18%	220577247
159901.SZ	深证 100ETF 易方达	399330.SZ	深证 100	2006-04-24	24.16%	32411433

续表

代码	名称	跟踪指数	指数名称	上市日期	历史波动率	日均成交量
588000.SH	科创 50ETF	00088.SH	科创 50	2020-11-16	23.88%	531169138
159966.SZ	创蓝筹 ETF	399295.SZ	创业蓝筹	2019-07-15	23.61%	54230102
159905.SZ	深红利 ETF	399324.SZ	深证红利	2011-01-11	23.37%	20163031
512980.SH	传媒 ETF	399971.CSI	中证传媒（CSI）	2018-01-19	23.28%	96229674
512200.SH	房地产 ETF	931775.CSI	中证全指房地产	2017-09-25	22.62%	115754740
515000.SH	科技 ETF	931087.CSI	科技龙头	2019-08-16	22.53%	72635887
512720.SH	计算机 ETF	930651.CSI	CS 计算机	2019-08-16	22.37%	31755129
512070.SH	证券保险 ETF	h30035.CSI	300 非银	2014-07-18	22.37%	85913333
159996.SZ	家电 ETF	930697.CSI	家用电器	2020-03-16	22.08%	49537070
159825.SZ	农业 ETF	000949.CSI	中证农业	2020-12-29	21.13%	120228557
515880.SH	通信 ETF	931160.CSI	通信设备	2019-09-06	20.93%	92911064
159980.SZ	有色 ETF	IMCI.SH	上期有色金属指数	2019-12-24	20.90%	26154826
159819.SZ	人工智能 ETF	930713.CSI	CS 人工智能	2020-09-23	20.57%	64187048
510900.SH	H 股 ETF	HSCEI.HK	恒生中国企业指数	2012-10-22	20.52%	803756350
510050.SH	上证 50ETF	000016.SH	上证 50	2005-02-23	19.11%	594934670
510300.SH	沪深 300ETF	000300.SH	沪深 300	2012-05 -28	18.40%	411151799

注：截至 2021 年 12 月 31 日波动率排名：1. 成立时间 1 年以上；2. 年日均成交量大于 2000 万；3. 去掉追踪同一指数的 ETF。

或许有些人并不非常了解价格波动率的算法，波动率定义为一年之后价格分布的 1 个标准差，该标准差以“百分率”来定义。由于我们不知道未来价格将如何波动，所以用历史波动率来找未来波动率可能比较大的标的 ETF，即假定过去一段时间波动率较大的标的未来“可能”波动率也会比较大。

举例来说，假定标的 ETF 目前的价格是 1.00 元，价格波动率是 20%，价格波动率代表 1 年之后介于 0.80~1.20 元的概率大约是 68%，介于 0.60~1.40 元的概率大约是 95%，介于 0.40~1.60 元的概率大约是 99.7%。

但是 ETF 价格不可能为负，故我们通常使用报酬率的标准差来计算价格波动率，并假定 ETF 价格在每个瞬间都连续地根据某个既定百分率发生上涨或下跌的变动，如此一来，就算标的 ETF 在一年内每天都下跌 2% 以上，也不可能将价格跌到 0 元之下。但是我们观察的波动率是年度化的标准差，它所考虑的是一年之后的价格，我们或许希望知道时间较短的价格波动率，例如：1 个月、1 周或是 1 日。

不同期间长度的价格波动率之间，其数值与期间长度的平方根呈比例的关系，故期间短于 1 年的价格波动率，相当于以年度化价格波动率除以期间长度的平方根。举例来说，一年之内若有 256 个交易日，256 的平方根是 16，所以每天的价格波动率是年度化的价格波动率除以 16。

以表 5–1 中波动率最大的煤炭 ETF 做例子，若当时煤炭 ETF 的价格为 2.00 元，价格波动率为 43.98%，所以每日的标准差为 43.98%/16=2.748%，而每日价格变动的标准差为 2.00×2.748%=0.0549 元，所以在每 3 天之内，大约有 2 天的波动会小于 2.748%，价格波动会小于 0.0549 元。每 20 天之内，大约仅有 1 天的波动会大于 2.748%×2=5.496%，价格变动会大于 0.1098 元。

凡波动率大者，都代表过去的波动比较大，这也是我们想挑选出来做网格的标的，毕竟只要涨跌幅度大，以网格交易法买卖交易进出场的机会就多。

在表 5–1 中，我们依序挑选相对价位偏低者，或是在上升趋势者。为了方便分析，我们假定时间为 2021 年 8 月 23 日。投资者可按历史波动率高低逐一选择交易标的。在挑选的过程中，首先确认煤炭 ETF（515220.SH）为上升趋势，对新能车 ETF、有色金属 ETF 则感觉已在高档，而酒 ETF（512690.SZ）则在回档的相对低档，故选择煤炭及酒这两档 ETF 作为网格的标的。在选择标的上绝对会有对有错，但重点是，错了之能否按照事前所计划的决策确实执行。

第三步：设定网格

观察煤炭ETF仍在上升趋势中（图5–1），走势有持续的可能性，至少在数周之内破底的概率不大。投资者按照预想的未来可能发展的空间来设定网格交易：由于煤炭ETF仍处于上升趋势中，在涨至波段最高的B点1.903元后连续五天回档，在行情触及C点1.737元之后，隔天2021年8月23日后又开始上涨3.98%来到1.834元，假定回档整理暂告一段落，煤炭ETF有可能重回上升趋势中。假定上升趋势仍然存在，投资者可以在此设定未来网格区间。先决定止损出场点为前一天低点（C点）1.737元，这将是我们设定网格的区间下限，而目标网格上限设定为2.080元，这个目标价格是假设未来上涨幅度与先前的上涨幅度差不多而设定，故用煤炭ETF先前低点C点1.737元再加上A点至B点的相同距离0.343元（1.903元–1.560元=0.343元）找出来的，即我们希望未来数周甚至数月的煤炭ETF行情应在C点与D点之间震荡波动，故在1.737元与2.080元之间设定网格交易。若ETF价格跌破1.737元（C点）则止损，若ETF价格涨过2.080元（D点）则将仓位出清，再另外找寻其他波动率较大的标的ETF。

图 5-1　2021 年 1 月至 8 月煤炭 ETF（515220.SH）走势日线图

在网格的设定上，由于预计未来网格交易的区间大小为 0.343 元（D 点 2.080 元减去 C 点 1.737 元），我们希望能在这 0.343 元之间设定适合的网格价差及格数。若设定的格数太少，则网格的价差会很大，若不能很快地来回交易，则网格的意义不大，损益大多将来自于持仓损益而非网格损益；若设定的格数太多，每一笔的网格收益会太小，若价格波动太大，会分散了我们获利，这种网格交易会让交易者感到不太快乐。

由于煤炭 ETF（515220.SH）过去的历史波动率为 43.98% 左右，若未来波动幅度与过去相似，我们的每一格可以不用设定得太小，故大约每一格能小于 43.98%/ $\sqrt{256}$ =2.74%（假设 1 年的交易日约 256 天）即可，大约每 3 天至少可以触发一次网格交易，但是由于 K 线常常有上下影线，故被触发的次数应该会比我们想象中多，若我们将网格数设定为 8 格左右，每一格的价差将为 0.043 元（0.343/8=0.043），而这 0.043 元约为目前价格 1.834 元的 2.34%，略小于我们希望的 2.74%，故以此来设定网格 8 格。

接下来使用 EXCEL 来制作网格仓位表，协助我们在有限的资金下建立仓位及网格交易。

至于表 5–2 EXCEL 设定的方法很简单。

A 栏中，我们在仅有 25000 元的前提下，计算分成 8 个网格来低买高卖，先算出每一格可使用 3125 元，若承接仓位至第 8 格则最后使用 25000 元。但由于每一网格的触发价格不同，我们若每一格触发网格都使用 3125 元买入，每一次买入的股数可能不同，如果我们希望在网格中每次都买入相同的股数，可将所有的触发价格（B 栏）相加后取平均数，得到一个平均可买入的股数，由于每次买入的最小单位为 100 股，故我们可以取最接近且总使用金额又不超过的股数为每次网格的仓位。在此例中，我们将每次买入或卖出股数设定为 1600 股。

表 5-2 煤炭 ETF（515220.SH）的网格设定

					A 位				
				固定金额	25000				
				平均投入资金	3125				
				平均买入仓位	1637				
				B 栏位	C 栏位	D 栏位	E 栏位	F 栏位	
			格数	价位	每格仓位	总仓位	单笔资金	总金额	
			0	2.080	0	0	0	0	
上限	2.080		1	2.037	1600	1600	3259	3259	
下限	1.737		2	1.994	1600	3200	3191	6450	
上下限距	0.343		3	1.951	1600	4800	3122	9572	
	每一格 / 元	0.043	4	1.909	1600	6400	3054	12626	
	总区间有多少 %	19.57%	5	1.866	1600	8000	2985	15611	G 列
	格数	8	6	1.823	1600	9600	2916	18527	
	价位数	9	7	1.780	1600	11200	2848	21375	
			8	1.737	1600	12800	2779	24154	

B 栏位，代表着我们每一次触发的价格，只要我们在 EXCEL 中将上限价位 2.080 元设定好，再减去我们先前计算好的每一格价差 0.043 元，依序往下减，即可得到我们每一个网格的触发价位。

C 栏位，是我们每一次触发时将买进或卖出的股数。因为在煤炭 ETF 中预计投入 25000 元，故将 25000 元除以 8，计算得到每一次可用 3125 元来投入每一格的网格仓位，由于每次最少买入的单位为 100 股，故每次能买入的股数将是 100 的倍数，C 栏中的数字则是我们以 3125 元计算出平均每次可以买入的股数，其股数可从 A 栏中观察得到。

D 栏位，则是在该网格价位时持有的总股数。

E 栏位，则是计算每次买入使用的资金。

F 栏位，则是在该网格价位时占用的总资金数。

当我们把网格设定表完成后，未来即可以按照表格中的价格每日低买高卖。

G 列则是 8 月 23 日时，煤炭 ETF（515220.SH）价格为 1.834 元，当时价格正好在第五格与第六格之间，我们在收盘前应先立即买入总仓位 8000 股。

第四步：开始执行

经过上述的步骤，我们已将网格设定完成了，也知道未来价格若是在设定的区间中波动，即可以透过低买高卖不断交易。在 1.834 元买入 8000 股后，投资人可在第二天开盘前先透过手机或电脑软件挂上买单，即在 1.823 元再买入 1600 股，并且同时挂出卖单在第四格的 1.909 元卖出 1600 股，若开盘后价格有触及这些价位，则可以买入或卖出，完成每日低买高卖的动作。

若是透过自动化程序交易者，则可以将基准价设为第五格的 1.866 元，并将网格的间格设为 0.043 元，若是煤炭 ETF（515220.SH）价格在 1.866 元的基准上上涨 0.043 元或下跌 0.043 元，程序则会自动进行卖出或买入。在此强烈建议在自动化设定完成后的第二天一定要盘中先盯着看所设定的自动化交易是否有成交或一直在成交，以避免设定错误使得自动化交易变成一场意想不到的灾难。

第五步：后续追踪及修正

在接下来的走势中，由于煤炭 ETF 不断上涨，所以我们跟随着网格交易不断地卖出（见图5-2）。在8月23日收盘前，我们在A点的1.834元买入8000股煤炭ETF。8月24日在B点的1.866元是我们建立8000股的基准价，我们并不卖出，继续持有仓位。8月25日下午在C点1.909元卖出1600股，手中剩下6400股。这时我们的获利可以细分为两部分：一部分是网格交易的获利，即在A点1.834元买入8000股中的1600股，在C点出场时获利为120元[（1.909-1.834）×1600=120元]，网格交易报酬率为0.48%（120/25000=0.0048）；而另外6400股有持浮盈，以当天收盘价计算获利为569.6元[（1.923-1.834）×6400=569.6元]，报酬率为2.278%（569.6/25000=0.02278）。

8月26日，煤炭ETF（515220.SH）持续大涨，在价格到达D点1.951元时，我们再卖出1600股的仓位，手中剩下4800股。这时我们仓位的网格获利是卖出从C点1.909元到D点1.951元的1600股ETF，获利68.8元（0.043×1600=68.8元），报酬率为0.2752%，故正常每触发一次网格卖出后，我们可以获利0.2752%的报酬，我们将这1600股从A点1.834元持有至C点1.909元的获利当成持仓获利，并将

C 点 1.909 元至 D 点 1.951 元的获利当成网格获利，主要原因是方便我们预估并思考网格交易。若一年我们可以网格交易 100 次（即总计卖出 100 次），网格交易部分的报酬即可预估为 27.52%，就算价格无法持续一年在网格之内，只要我们能找到波动类似的标的不停地交易，资金若能一直保持在网格中来回买卖，一年的报酬就会接近 27.52%，此外还有“持仓获利”。

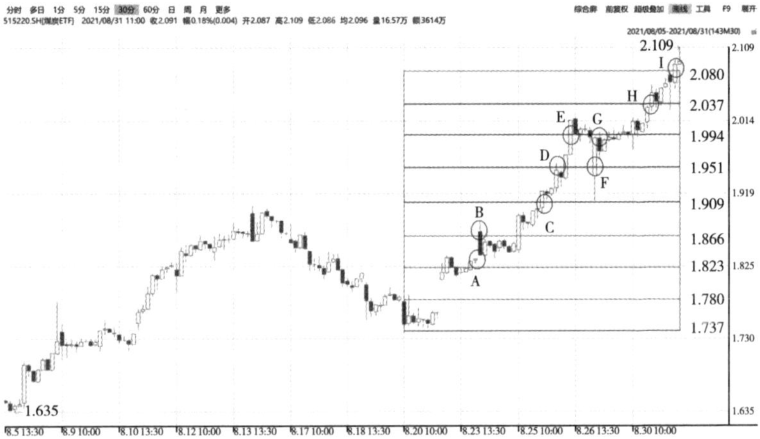

图 5-2　2021 年 8 月 3 日至 8 月 31 日煤炭 ETF30 分钟走势图

这次范例，煤炭 ETF（515220.SH）的价格涨得太快，我们在网格中仅持有一周的时间，其损益如表 5-3 所示：

表 5-3　　煤炭 ETF 网格及持仓获利表

日期	进场价	网格价格	出场价	买进或卖出	持有仓位	网格获利	累计网格获利	持仓获利	总获利	报酬率
8月23日	1.834			8000	8000	0	0	0	0	0.00%
8月24日		1.866		0	8000	0	0	256	256	1.02%
8月25日		1.909	1.909	-1600	6400	120	120	480	600	2.40%
8月26日		1.951	1.951	-1600	4800	68.8	188.8	681.6	870.4	3.48%
8月26日		1.994	1.994	-1600	3200	68.8	257.6	819.2	1076.8	4.31%
8月27日	1.951			1600	4800	0	257.6	681.6	939.2	3.76%
8月27日			1.994	-1600	3200	68.8	326.4	819.2	1145.6	4.58%
8月30日			2.036	-1600	1600	68.8	395.2	886.4	1281.6	5.13%
8月31日			2.080	-1600	0	68.8	464	886.4	1350.4	5.40%

注：持仓获利为触发网格交易时之持仓获利。

上面的例子中，我们可以发现，只有执行一次网格交易的“卖出”，才表示完成了一次网格交易，故我们只要观察网格卖出的次数，就可以知道网格交易在网格上获利多少。另外必须了解的一点，标的资产不管波动有多大，网格交易来回交易多少次，或是做这个标的资产的时间多久，最大的“持仓损益”总是固定的；行情跌下去再涨上来，买入后再卖出的都属于网格交易的部分。网格交易法的精髓在：低买高卖的次数愈多，愈能积累获利，故若能在固定涨幅后或上涨至波动率变低后更换交易标的，报酬将更佳。只要更换到表现更好的标的资产，在波动率类似的情况下，或许网格获利与先前标的差不多，但有机会赚再多持仓获利，也将使交易的报酬更佳。

若有多档 ETF 使用网格交易法，可以重点观察卖出次数。例如 2022 年 6 月同时交易两档 ETF，可以用日历列表（表 5-4）记录每日有多少网格获利，方便持续观察。

表 5-4　举例记录 2022 年 6 月交易两档 ETF 每日卖出成交次数

2022 年 6 月完成网格交易次数						
日	一	二	三	四	五	六
			1	2	3	4
5	6	7	8	9	10	11
	食品 *2	食品 *2	食品 *1		食品 *2	
12	13	14	15	16	17	18
		食品 *2 医疗 *1	食品 *2 医疗 *1	医疗 *1	食品 *2 医疗 *3	
19	20	21	22	23	24	25
	食品 *2 医疗 *1	食品 *1 医疗 *2		医疗 *1	食品 *2 医疗 *2	
26	27	28	29	30		
	医疗 *2	医疗 *1	医疗 *1	医疗 *2		
医疗 ETF（512170）：每格获利 52.3 元						
食品 ETF（515710）：每格获利 44 元						

由于我们已知每一档 ETF 设定网格的大小，故每日在网格交易上赚多少是很容易计算的，剩下的损益部分则是“持仓损益”。在下跌的行情中，持仓损益一定是损失的；在上涨的行情中，持仓损益一定是赚钱的。在网格交易法的网格有上限的情况下，持仓收益永远不会大于买进持有的传统交易方法获利的 50%。投资者网格做久了也可以知道，网格愈小、愈多，持仓收益会愈大、愈接近 50%，反之持仓收益会愈小、愈趋近于零（即全仓进出的 1 格我们都计算为网格获利）。在涨跌趋势与波动间，投资人可根据过去经验设定出一个“适当”的网格交易。

第六步：跌破或涨过设定网格的计划

在前文中说到，网格交易法中，标的资产走势终究会走出网格的范围，也许用时一周，也许一个月或半年，无论如何行情不可能一直在网格内让你低买高卖永远持续。所以当标的资产走出网格的范围时，你必须要有动作。若行情很快地向上涨过网格的上限，仓位将自动清空出场，如图 5-2 的煤炭 ETF（515220.SH）一样，这时我们将顺势结束此次网格交易，将资金转往下一个标的资产继续交易。但世事岂能尽如人意？我们终究会遇到弱势的标的让我们无法顺势将资金顺利移转至下一个标的，这时我们可能要有主动的行为，通常是：①止盈出场；②止损出场；③转为定投；④部分平仓，重新建立网格；⑤等待反弹。

①止盈出场。前面图 5-2 的例子是煤炭 ETF（515220.SH）因为上涨超出网格交易法之网格上限而止盈出场的情况，但若买入的标的无法顺利地止盈出场呢？举例来说：若我们交易食品 ETF（515710.SH）在 2021 年 10 月 13 日以 A 价进场（如图 5-3 所示），接下来行情震荡走高，但始终未能突破网格上限。接下来，走势上攻无力后反转向下，跌破先前的支撑价位来到 2021 年 12 月 29 日的 B 价格，这时若将仓位全部出场仍可以带着“网格获利”出场，让整体交易略有盈余，虽然获利没有比最高点出场好，但至少是赚钱出场的。在不知未来走势如何的前提下，虽然有可能从此放弃了后面的“可能”上涨的赚钱机会，但换一个标的也未必不好，因为也得到了另一个标的资产的可能上涨的机会，故在 B 点出场的决定无论如何都不是错误的决定。

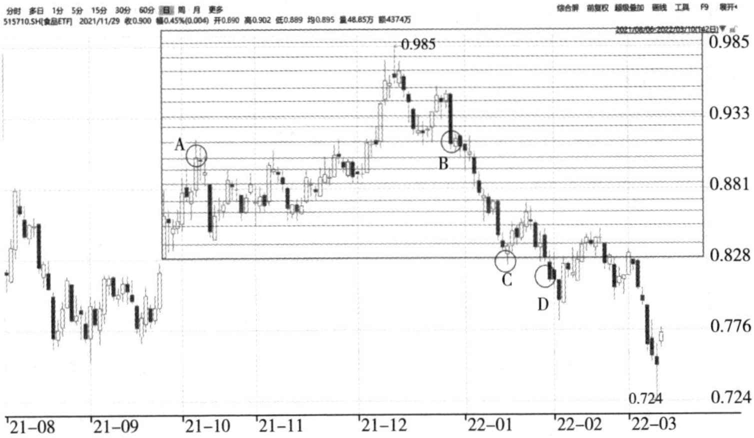

图 5-3 食品 ETF

②止损出场。在很多情况下，我们会因为各种原因延迟出场时间。在止损的原则下，多数人会在网格下限被跌破时止损出场，这看起来不仅简单而且理所当然，因为最初设定网格下限即隐含着认为标的不太可能会跌至该价位的认知，但当来到这个价格的时候，由于亏损无可避免，这个动作将痛苦万分。根据图 5-3 所示，正常情况下，可执行的止损价位应该是在 D 点而不会在 C 点，因为在网格交易中，C 点那天的收盘价仍在网格之内，这将让我们满怀期待地持续做下去，希望能触底反弹在网格内持续低买高卖来增加我们的“网格收益”。价格跌至 D 点时，前一天已将资金全数买入，当天的收盘价格已在网格之外，在

未来无网格收益的情况下，可以将仓位在D点的次日开盘后全数出场。

我们来思考一下，止损这件事在网格中是可靠的吗？答案当然是肯定的。我们将食品ETF（515710.SH）止损出场后，闲置的资金可投入未来表现可能更好的标的中，至少这个标的有机会持续地产出“网格收益”。若不换标的ETF，持有原先的标的资产，由于产业不再是热点且资金撤出，或产业前景不看好，这将使资金陷入长期的等待，相比较之下，换个走势较强的标的，绝对是更好的选择。若我们能够及早地用技术分析或其他方法来“止损”出场，结果当然会更好。

也有可能我们一进场就跌破了止损点，那么立即止损出场也是应该的，理由也是将资金投入更好的标的中，资金使用效率将比被困在某一资产中来得好。只要不断地换标的，长期下来“持仓收益”为正数即可，因为只要产生“网格收益”，一定是正收益，只要牢记这个原则，网格交易法的长期报酬一定是正数。退一万步想，就算赚不到“持仓收益”而纯粹是“网格收益”，只要能持续及时止损，“网格收益”的长期获利一定会大于“持仓收益”。

③转为定投。或许投资人对该标的有强烈的信心，坚

信该 ETF 一定会长期向上，所以标的资产跌破网格下限时，反而认为是持有更大仓位的绝佳机会。但按照网格交易的计划已将资金陆续全部投入标的资产中，所以在标的 ETF 跌破网格下限后，唯一的问题是有没有后续的资金可以继续投入。若是有固定收入的投资人可以将后续所得的一部分按定投的方法慢慢地持续买入该标的 ETF。一方面，可以趁标的 ETF 价格低时买入更多的份额；另一方面，其持仓成本也会随着低价买入的份额愈来愈多而降低。未来标的 ETF 向上涨到原先的网格区间后，网格交易将可以再度启动。综合运用“定投”加“网格交易法”，一方面持仓份额变多使得网格交易法中可卖出的范围变得更大，不至于一下子就将仓位卖飞；另一方面，也可以使投入该 ETF 的成本更快速地降低，增加未来获利的效率（图 5–4）。

至于定投要买入多少金额，投资人可依照自己的收入及手中资产决定。唯一要留意的是，千万不可操之过急。多数人会看行情下跌很快时，将手中剩余资金快速地持续买入，若行情下跌的时间较长，则会造成急躁的心情，让原本应该靠时间积累的轻松投资变成被套牢的心理感受，计划交易变成非理性投资。在“定投”加“网格交易法”中要留意的是，让时间变成朋友而非压力。

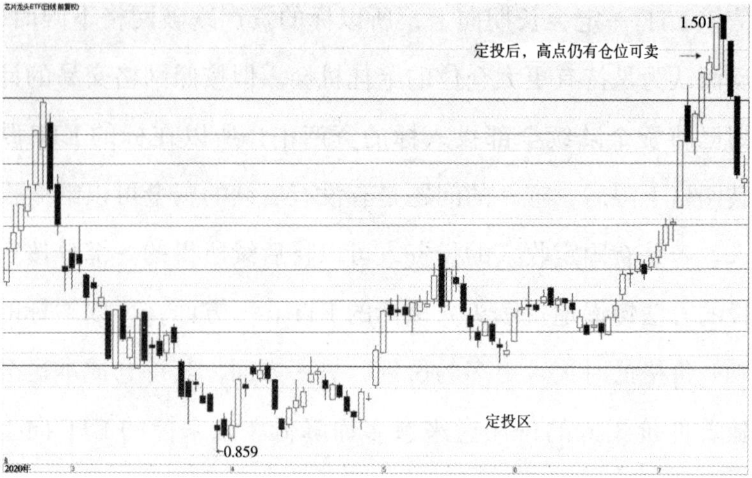

图 5-4　芯片龙头 ETF（159801）

④部分平仓，重新建立新网格。就如同我们所知，若是我们持有的标的资产 ETF 在网格之外，我们将无法取得买低卖高的网格收益，但我们持有的标的在盘中总会有价格的涨跌，未实现损益仍会随着价格波动而上上下下地波动。如果我们知道网格标的会持续下跌的话，将标的资产全部卖掉将是最佳选择，可惜我们不知道未来是否会持续下跌，故有许多人可能会选择部分平仓，利用平仓出场的资金在更低的价格区间建立新的网格区域（见图 5–5）。

这样的方法听起来似乎对多数人比较舒服，但是有经验的投资人一定会知道，通常舒服的方法往往有令人不舒服的结果。有几个问题可能要先了解：第一，要卖掉多少仓位及新网格要怎么设定？第二，若卖掉之后ETF价格立即涨回来要怎么办？第三，若新的网格又被跌破了怎么办？这三件事的后续交易要先想清楚才行。除此之外，采用了部分平仓的方法后，一定要知道，由于使用了更少的仓位及资金来做网格，在新的网格区域进行网格交易而降低持仓成本的速度会很慢，若行情在新的区域内波动了一段时间后再上涨，而你没有想到后续该如何做，将会发现也许行情上涨到原先的网格区域，甚至是第一次进场成本时，这时账户仍是亏损的，原因是在低价时已割了部分的仓位。可以想象一下，部分平仓的仓位愈小，由于可再利用的资金较少，在新网格区域中网格获利将愈小，但若愈快回到原先网格区间时，由于持仓仍多，接下来要回本甚至获利所受到的影响也愈小；反之，部分平仓的仓位愈大，在新网格区间中的网格获利将愈大，但若愈快回到原先网格区间时，由于持仓已经很小，接下来要回本甚至获利所受到的影响将会很大。由于未来行情走势的不确定性，新网格区间运行时间也不确定，故要部分平仓多少仓位来建立新网格区域是个没有确定答案的问题，因此对未来的交易又添加了难度。

通常而言，对不确定性最简单的解决方法是，主观的先平掉一半的仓位，再利用这些资金在新建立的网格区间进行网格交易。若新网格运行一段时间后ETF价格再回到原先的网格区间，且确定向上趋势已经形成，再立即将仓位全数买回来。在旧网格区间内重新开始网格交易运行，而重新回到旧网格区间之每一格的买卖股数也调整回原来的大小。在ETF长期向上或回归均数的前提下，此动作可加速回本，虽然在确定新区间回到旧区间时买回价格会略高，买入成本可能会升高，但在实践上仍不失为一个可行的方式。

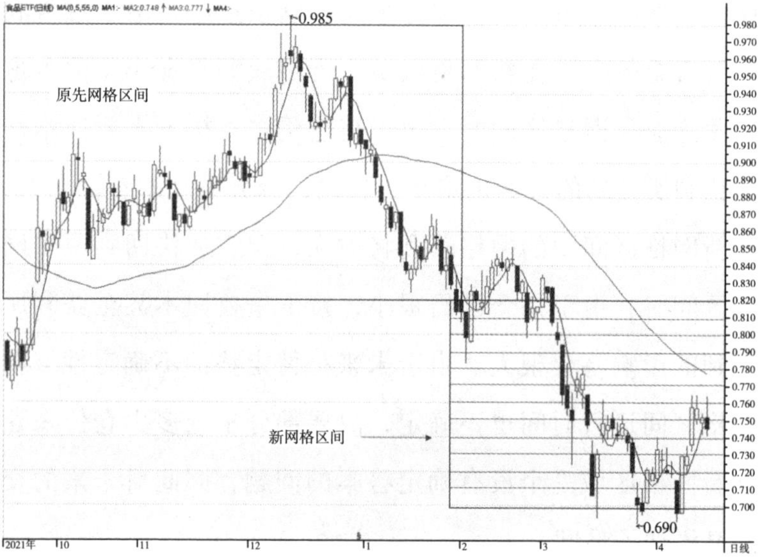

图 5-5　食品 ETF（515710）

部分平仓并重新建立网格的方式虽然看起来没有太大的问题，但当初我们使用网格交易法的初衷是希望行情在区间震荡的走势中透过简单的方法来获取增厚标的ETF的报酬，而这个方法却增加了交易的复杂度，特别是行情回到旧网格区间将仓位加回的动作，由于买入价位较高，需要有较好的交易纪律能力，多数人在执行上会有难度。

⑤等待反弹。设定好网格，然后什么也不做就赚钱，大概是所有投资人最希望的事。在牛市中，不管有没有设定网格都能达成赚钱的结果。但是市场不会永远上涨，也不可能永远是牛市，当标的ETF价格跌破了网格的下限，投资人什么都不做是最差的做法。不管出于什么原因，害怕、恐惧、犹豫……仍有许多投资人选择躺平，等待并希望价格能尽快涨回网格区间内。

根据实际交易的结果，跌破网格区间然后什么事也不做是最不好的做法。不仅套牢资金使用效率差，无法产生任何收益，而且持有标的ETF的价格可能持续再下跌，使资产进一步缩水。从逻辑上来说，若是认为ETF价格会一直下跌，那么先行出场是比较聪明且合乎逻辑的做法；若是认为ETF价格未来有可能反弹，就算不管多久才反弹，那么想办法在相对低价建立够多的仓位才是聪明且合乎逻辑的做法。

无论如何，躺平等待反弹的做法会使账户的报酬相对落后于其他方法。

本章问题

1.2022 年 6 月 2 日，小青观察科创 50ETF（588000）的走势，未来 2 个月可能在 1.033 及 1.30 元之间波动。若小青要做 1 个 15 格的网格，请问她该如何设置网格呢？请将网格设定以 EXCEL 计算出来。

2. 做网格交易是否要止损出场？请思考一下，止损出场与我们继续做网格的差别在什么地方？

第六章

网格交易的其他运用

所有的交易，都只能按照自己理解的逻辑去赚钱，网格交易也是一样。

如果不理解网格交易的原理，就想用网格交易去降低持仓成本，大多会适得其反。

因为实际的结果总会和想象中有差距。

在前几章的介绍中，相信各位对网格交易法的使用方法已经有了较深的了解，发现网格交易法其实与其他买入股票的方法没有什么不同，同样要找到会涨的标的资产，毕竟网格交易法能获利的原因其中很大的一部分是“持仓损益”，所以网格交易也是有方向性的，在震荡上涨的过程中才能显示出该方法的优势所在。

但是网格交易的另一个特性在于，当标的资产上涨时，我们会不断地抛掉手中所持有的仓位，当标的资产下跌时，我们会不断地买入标的资产，使手中的仓位愈来愈多。这是一种有意识的逆势操作方法，所以在行情涨涨跌跌的过程中会不断地低买高卖，从而获取网格利润。这种特性会强迫我们在价格愈来愈低时不断地累积仓位，在价格较高时不断地减少仓位，故许多投资人也可以利用这样的特性去持有“长期向上”指数类 ETF，达成长期获利的目的，而在操作上，投资者可以利用这种特性在需要的情况下使用。

逢低建立长期持有仓位

通常人们会使用定期定额的投入方式买入标的来达成这个目的，以时间间隔为主的方式虽然方便，并不能达成在低价时持续买入标的资产的目的，但是使用网格交易法的方式可以做到。

举例来说：

2022 年 1 月 1 日之后，投资人手中有一笔闲置资金，但又不想一下子投入股市，加上近期股市处在相对的高档区，想慢慢地趁股市下跌再分批一点点买入，如果一直跌就一直买入，并不想将资金一下子买在价格高档区（图 6–1）。这种想法可以利用网格交易法，在下跌至某一固定价位或某固定百分比时买入一些持仓。假设投资人制订计划：每下跌 1% 买入 1000 股。从 2022 年 1 月 5 日开始实施。2022 年 1 月 4 日，沪深 300ETF 收盘为 4.915 元。

故投资人按照计划可以在沪深 300ETF 从 4.915 元下跌 1% 后开始买入 1000 股，所以会在 4.866 元、4.817 元、4.769 元依次买入，买入的价格计划如表 6–1 所示。

图 6-1　沪深 300ETF2021 年 8 月至 2022 年 6 月走势图

表 6-1　2022 年沪深 300ETF 每下跌 1% 计划买入表

格数	沪深 300ETF 价格	买入股数	均价	需要资金
0	4.915	0		0
1	4.866	1000	4.866	4866
2	4.817	2000	4.842	9683
3	4.769	3000	4.817	14452
4	4.721	4000	4.793	19173
5	4.674	5000	4.770	23848
6	4.627	6000	4.746	28475
7	4.581	7000	4.722	33056
8	4.535	8000	4.699	37591
9	4.490	9000	4.676	42081
10	4.445	10000	4.653	46526
11	4.401	11000	4.630	50927

续表

格数	沪深 300ETF 价格	买入股数	均价	需要资金
12	4.357	12000	4.607	55283
13	4.313	13000	4.584	59596
14	4.270	14000	4.562	63866
15	4.227	15000	4.540	68094
16	4.185	16000	4.517	72278
17	4.143	17000	4.495	76421
18	4.102	18000	4.474	80523
19	4.061	19000	4.452	84584
20	4.020	20000	4.430	88604
21	3.980	21000	4.409	92584
22	3.940	22000	4.387	96524
23	3.901	23000	4.366	100424
24	3.862	24000	4.345	104286
25	3.823	25000	4.324	108109
26	3.785	26000	4.304	111894
27	3.747	27000	4.283	115640
28	3.709	28000	4.262	119350
29	3.672	29000	4.242	123022
30	3.636	30000	4.222	126658

由上表中可以发现，若每下跌 1% 则买入 1000 股，如行情下跌至 3.636 元 / 股，在未来反弹上涨后，只要沪深 300ETF 的价格涨至 4.222 元则可回本，而最后所需要的资金为 126658 元就可以承接下跌 30% 后摊平的资金。

而接下来的实际情况是，2022年上半年沪深300ETF最多仅下跌了23.77%，按照表6-1中的承接单位所示，若我们只买不卖，将可承接至第26格的3.785元，26000股的平均成本为4.304元/股，而投资人也会在2022年6月15日回本并开始获利（图6-2）。

图6-2　2021年11月至2022年7月10日沪深300ETF走势日线图

或许有人觉得使用网格交易法并不能很方便地去承接仓位，必须每日开盘前挂单买入，实在很不方便。但实际上，目前市场上许多使用网格交易法的软件都可以设定“仅买入不卖出”的方式，让投资人方便地完成承接仓位的过程。

多数软件都有一些设定的方式，只要问一下提供软件服务的证券公司的理财经理或服务人员，应该都可以得到答案。举例来说，若使用方正证券的量化平台，在网格交易策略中的简单网格策略表中的初始最大可卖量填入“-30000”股（如图 6-3），那么在承接沪深 300ETF 的过程中，只要买入的数量不超过 30000 股，就算遇到反弹，甚至大涨，程序设定都会因存股不足 30000 股而停止任何卖出的动作，直到我们买入的股数超过 30000 股，才会开启卖出的动作。

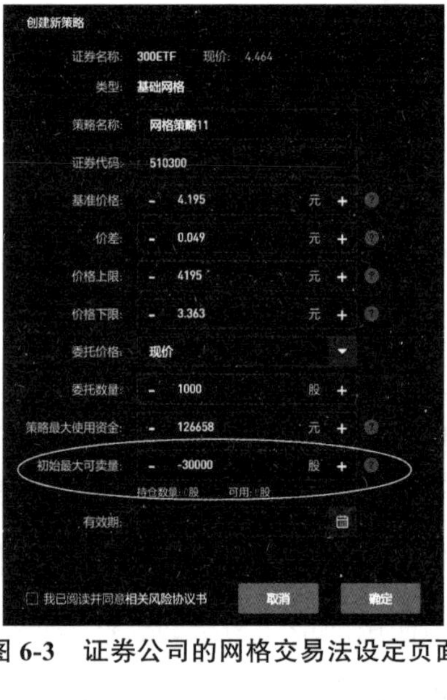

图 6-3　证券公司的网格交易法设定页面

用此方法来承接股票或ETF，若行情一直往下跌，价格跌到下限之前，会一直买入，只要没有买够30000股，有反弹也不会卖出。但我们总不会设定得那么好，也许行情的下跌比我们想象中更大，这时候可以改变一下设定方式。想象一下，若行情下跌40%，我们准备了足够的钱，并将网格交易的下限放得更低，结果会如何呢？

我们用一个比较简单的例子来看一下"准备了足够的钱，将网格交易下限放更低"的情况（见图6–4）。假设每下跌5%则买入5000股，所以在A点买入5000股，在B点买入5000股，但在a1点不会卖出，因为并未买够30000股，且我们会持续在C、D、E、F点都买入5000股。当价格下跌30%时，我们也在F点买够了30000股，而其间遭遇到a1及c1的反弹都不会卖出任何的股数。价格再跌至G时，跌了35%，这时再买5000股，手中持股已达35000股了。当价格反弹至F1，这时会卖掉5000股，因为账户中只要超30000股的部分就是可以卖出的部分了，故之后G1点再买入5000股，H点再买入5000股，G2及F2点则各卖出5000股。

这样的设定逻辑可以帮助投资人在标的个股或ETF再度回到投资起始价格前保有30000股的股数，且持仓是获利的，不同于一般传统的网格交易，回到起始价格，虽然获利，但却已经没有任何仓位了。

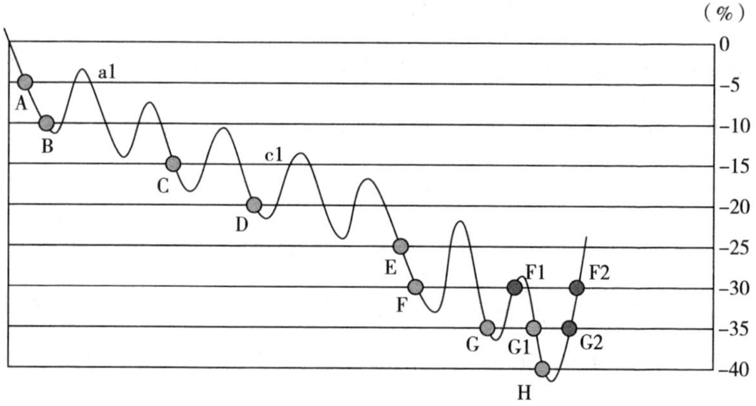

图 6-4　使用网格交易建立仓位示意图

有些交易设定可能会引起一些误会，虽然看起来直观，但也许不是我们想要的方式。例如，可以在网格交易法上设定不等量的委托方式，我们在买入数量上输入 1000 股，而在卖出数量上输入 0 股（如图 6-5），如此当行情波动时，我们在下跌 1% 时就会买入 1000 股的 ETF，但行情上涨 1% 后却不会卖出，当行情又下跌 1% 时，我们又会买入 1000 股。试想一下，若 ETF 的价格在此处上上下下 1% 不断反复涨跌，我们将会 1000 股又 1000 股地买入，却又没有卖出。这样的方法对增加持仓是有帮助的，只要 ETF 在同一个价格上上下下时，我们就会在附近不停地买入。但我们要的是每次下跌 1% 则增加 1000 股的持仓方式吗？当然不是。我们要的是“每次比低点再下跌 1%”才买入 1000 股，而不是自上一个基准价下跌 1% 而买入 1000 股。所以投资人在设定网格交易时，一定要多了解不同的软件平台在设定使用上的定义及使用方法。

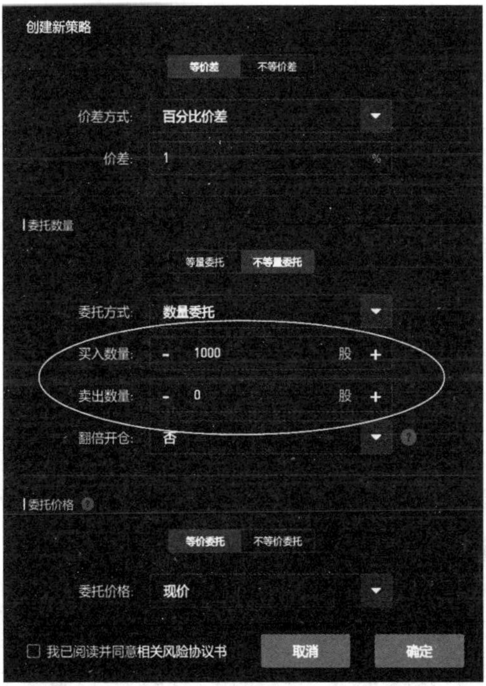

图 6-5　证券公司的网格交易设定页面

由行情下跌而承接买入沪深 300ETF 的过程中可以发

现，降低持有成本的过程其实是非常缓慢的过程，由于不知道我们未来多久将会承接买入多少数量的仓位，所以这种方式与“定期”“定额”投入的方式相比，有更多的不确定性。因为我们不知道什么时候或哪一天将要买入 ETF，又要花多久才能买到我们希望数量的 ETF，这一切都要看行情走势而定，但使用这种方法的好处是只要价格更低就会持续买入。由于行情不会永远下跌，若要稳定累积持仓数量，除非是持续熊市走势，否则用来建立仓位的时间可能比想象中慢，不过若想愈买愈低价，这种买入方法不失为一种很好的存 ETF 方式。

获利后的仓位调节

当我们持有足够的标的资产或 ETF 仓位已经获利时，便会考虑何时出场比较好。网格交易法为此提供了一个解决方案：使用网格交易法逢高卖出手中的持仓。

大多数投资人在投资时有一个很大的心理障碍，就是在定投标的个股或低接 ETF 时，有时并非出于自愿，而是在完成不小心被套牢后被动产生的对应动作，所以当持有仓位回本或小赚时，会很快将仓位全部出清。若此后标的物大涨，则抱怨自己无法抱住原先的仓位，并为自己找些理由来合理化卖出的原因，并说这是命中注定的错过，毕竟从头到尾都不是计划中的事，被动的成分居多。可能原本仅想针对某一个标的物做一个小波段的交易，但却变成不断摊平的交易，能够回本已是十分幸运。例如，我有一位朋友在 2022 年 1 月因为中概互联网 ETF（513050）价格下跌超过 50%，且他看好如阿里巴巴、腾讯等在境外上市的网络巨头公司的未来发展而买入（图 6-6），本想趁中概股反弹一波赚点小钱舒服地过个农历年，但反弹幅度不如事先预想，只好展开定投模式，只要价格更低且手中有钱，就不断买入。之后，在 2022 年 3 月份的一波反弹行情中立即果断出清持仓，并为接下来 4 月份的持续大跌而感到庆幸，深深觉得自己在交易上很睿智，但 5 月之后的反弹走势却让他后悔不已，明明可以多赚但结果却是仅仅回本而已。

遭受损失后的长期投资常常回本即全部出清是许多投资人会犯的相同错误。

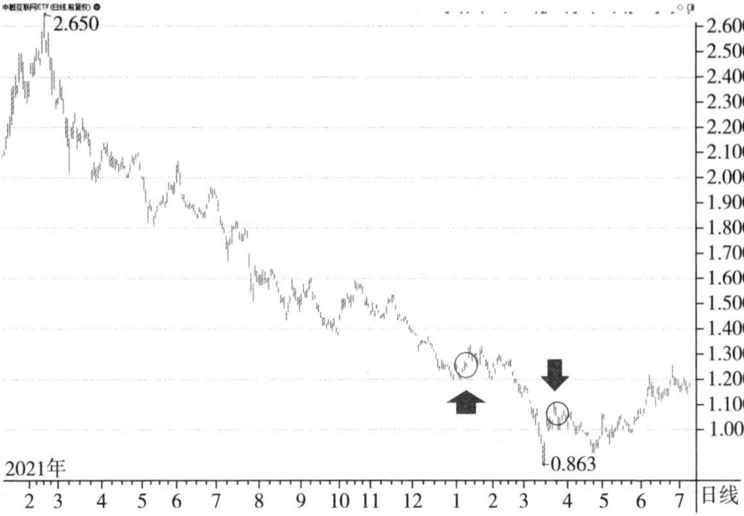

图 6-6　中概互联网 ETF（513050）2021 年 1 月份至 2022 年 7 月份日线走势图

为了避免这种让人觉得可惜的错误发生，可以在长期投资回本后，或是在投资人的持续定投、存 ETF 达到了目标价位后，立即采用网格交易法来低买高卖，或是使用网格交易法中的逢高只卖不买的方式来获利了结。但不论是何种方式，最后的结果总是各有优劣，不可能十全十美，这些方法的使用可依投资人个人的喜好及需求而定。

首先，我们来看一下，如何利用网格交易法在盈利过程中慢慢地获利了结。例如光伏 ETF（516880），假定投资人经过长期的不断买入累积 ETF，平均成本为 1.25 元。2022 年 6 月份终于获利，这时投资人可以在获利后立即启动网格交易开始低买高卖的获利了结仓位动作。网格下限设为1.25元，上限设为1.60元，未来将只在仓位已经获利的前提下才有动作。设定在成本价格1.25元及成本价格之上的1.60元这33%的价格区间中低买高卖。若价格跌回成本价1.25元之下，或价格涨至1.60元之上，则不再交易。这时可能会出现以下两种可能性：①涨至价格1.60元之上，手中持仓尽数出清；②未全部清仓，行情又跌回成本价格之下，停止交易。

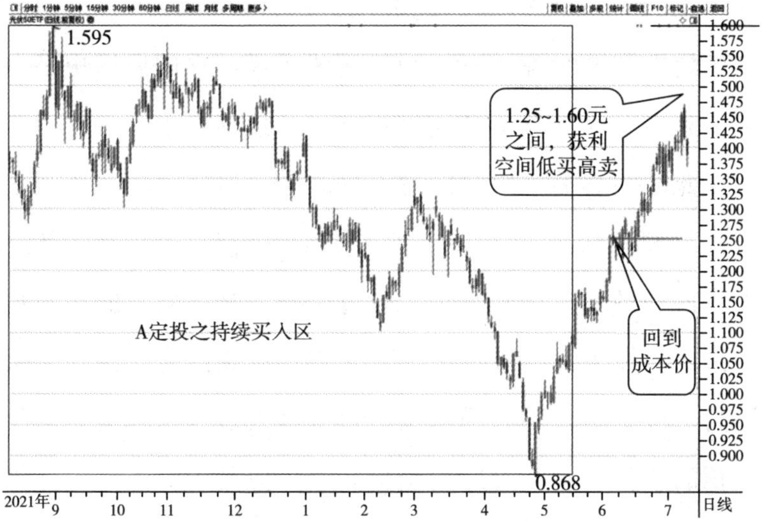

图 6-7 光伏 ETF（516880）2021 年 8 月至 2022 年 7 月份日线走势图

①手中持仓全数出清。当行情的走势比想象中强劲时，标的物价格若上涨超出预计的价格上限，我们会将手

中持仓 ETF 全数出场。虽然无法将仓位全部卖到波段的最高价，但在过程中仍有低买高卖的调节动作，在这段价格区间的时间愈长，我们在网格交易法上所能得到的利润愈大。就算行情太强劲而一直上涨，让低买高卖的网格交易运作次数不多，但最后也是获利出场的。在利用网格交易法获利出场的过程中，有可能遇到像 2021 年芯片龙头 ETF（159801）的走势（图 6-8）。芯片龙头 ETF 从上市以来，先前的走势从来都没有涨过 1.50 元的价格，大概率会在 1.00 元至 1.50 元之间波动，所以投资人在 2021 年 5 月下旬定存 ETF 累积的仓位回到成本后，立即以历史最高价 1.50 元当成上限并使用网格交易法逢高卖出，希望走势能在此区间震荡一段时间再慢慢向上。但短短的一个月之内，行情很快就向上突破了历史最高价格 1.50 元，并一去不回头地到达 1.845 元，遇到这种情况真的只能伤心扼腕不已。在上涨的过程中，若想将仓位买回来，又担心买到高价被套牢，不买回来又觉得少赚太多，过去整整一年累积的仓位在一个月之内全部卖光。但是投资人可以仔细想想，这样的结果至少比大多数投资人一回到成本价就全部卖掉好多了，其获得的报酬也比一般银行理财的结果好多了。

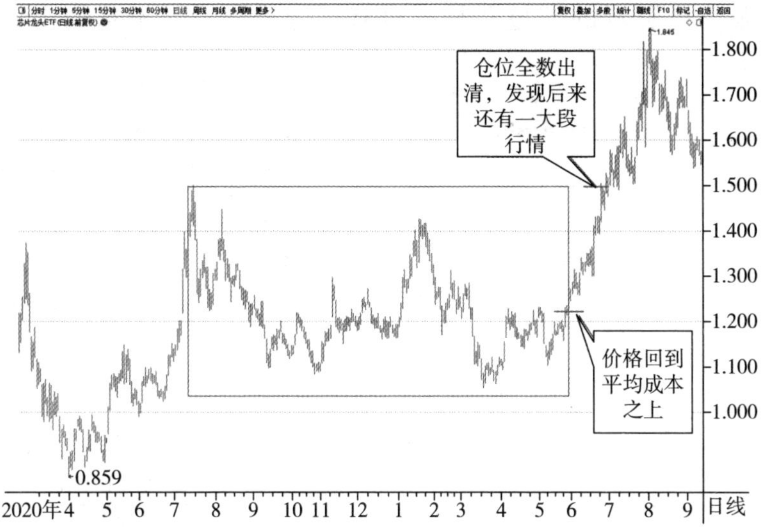

图 6-8　芯片龙头 ETF（159801）2020 年 3 月至 2021 年 9 月日 K 线走势图

为了避免上述情况发生，投资人为了确保获利，可以在获利满足特定条件下，再开始进入网格交易，如此一来，将可确定开始出场的第一笔交易至少是在赚取某个报酬率之后。例如，当我们持有的芯片龙头 ETF 的价格回到买入的平均成本 1.230 元之后，若获利 20% 后，即价格来到 1.476 元，再开始使用网格交易法设定一个 20% 的交易间区，即上限在 1.771 元，并在 1.476 元至 1.771 元区间不断地低买高卖（如图 6–9）。若仓位全数出清，即停止网格交易，如此一来投资人可将标的 ETF 出场到更满意的价格。当然若持有的 ETF 价格没有再上涨至投资者的期望目标，也有可能错过一次不错的出场机会。

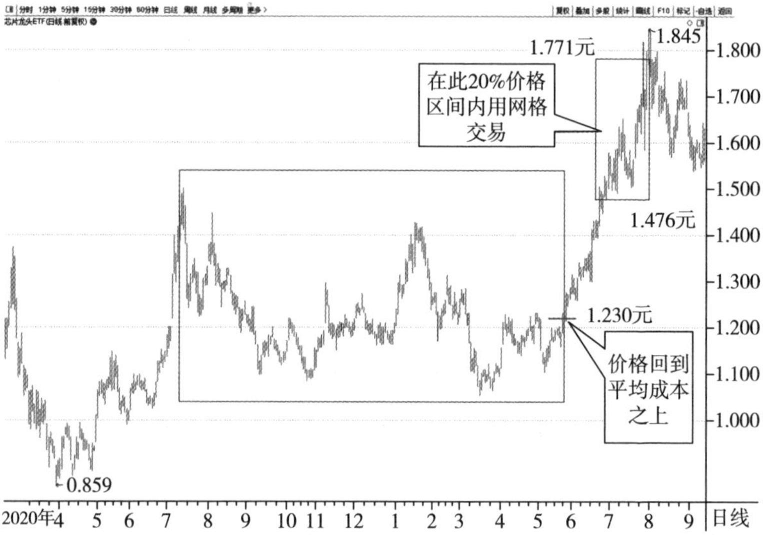

图 6-9　芯片龙头 ETF（159801）2020 年 3 月至 2021 年 9 月日 K 线走势图

价格涨跌具有一定的随机性，我们出场的获利结果也具有一定的随机性。投资人无法预知行情会涨到什么价位，若是知道的话，就可以在最高价位全部出场，更完美地将获利扩大到极致，但这是不可能的。透过网格交易法，至少可以预估价格涨到某一价位区间时，获利在平均水准，甚至有机会可以在过程中得到比预想更好的利润。

②未全部出清，标的ETF又跌回成本之下，停止交易。当持有的仓位已经开始获利，我们就可以开始低买高卖的操作，但行情可能不如预期强势，持续一段时间在持有成本之上然后又掉下来，这也是在交易的过程中时常会遇到的事，毕竟若是每次都能够卖到期望的价格上限之上，那么我们理论上不应该使用网格交易，反而应该将价格锁定在相对期望的价格，然后到了那个价格后将仓位全部卖出，这样子获利才会更大。我们大多数只能预测价格可能会落到某个区间之内，所以以区间做网格交易的方式才是最舒服的方法。

举例来说，投资人在2020年8月到2021年5月底，持续不断定投人工智能ETF（515980），终于将成本摊平也累积了50000股的仓位（如图6-10），并于2021年6月1日（A点）开始网格交易的操作。我们将网格下限设为成本价的1.13元，网格上限设为1.30元（如表6-2所示）。接下来行情持续向上反弹，在网格交易的运作下，未来低买高卖了3个月的时间，虽然没有办法将仓位全数出场，但其间总共交易了56次网格，最后将仓位全数接回来，降低持仓成本3.71%。

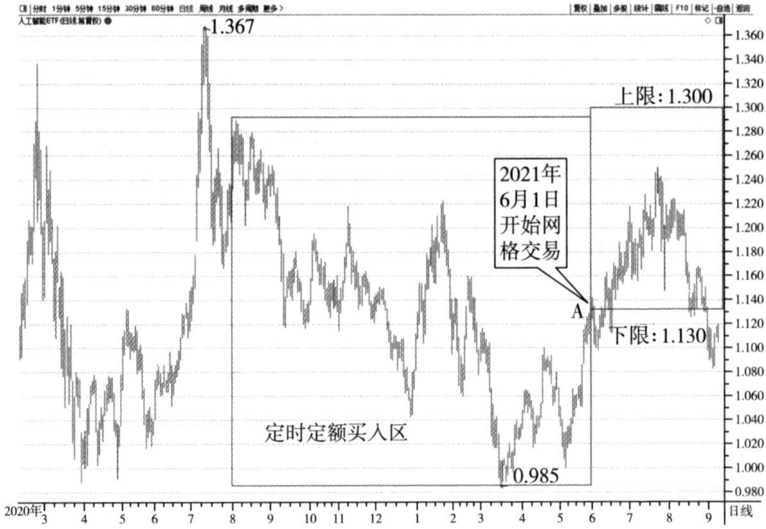

图 6-10　人工智能 ETF（515980）2020 年 3 月至 2021 年 9 月日线走势图

在网格的操作上，投资人只要将区间的上限 1.300 元及下限 1.130 元设定好，再设定网格的格数为 15 格，即可计算出每一格的价位，并根据手中要在这区间卖出的全数股数，即可以知道每次网格交易的仓位可以卖出去的股数。以人工智能 ETF 为例，有 50000 股将要卖出，我们将网格设定成 15 格，每一格的间距为 0.011 元，约每涨 0.94% 卖出 3400 股，在第 0 格网格时可全数卖出。如此计算结果总共将卖出 51000 股，由于投资者手中仓位仅有 50000 股，所以到了最后一次价格到达 1.300 元卖出时，仅能卖出 2400 股（如表 6–2 所示）。

表 6-2　　人工智能 ETF（515980）的网格设定表

网格数	价位	每次仓位	总仓位
0	1.300	2400	0
1	1.289	3400	2400
2	1.277	3400	5800
3	1.266	3400	9200
4	1.255	3400	12600
5	1.243	3400	16000
6	1.232	3400	19400
7	1.221	3400	22800
8	1.209	3400	26200
9	1.198	3400	29600
10	1.187	3400	33000
11	1.175	3400	36400
12	1.164	3400	39800
13	1.153	3400	43200
14	1.141	3400	46600
15	1.130	0	50000

在 2021 年 6 月 1 日至 8 月 31 日的过程中，最后仅仅多赚了 3.71% 并将仓位全数接回，看起来网格交易赚钱的能力实在有限。但要留意的是，就算我们在原先的持股回本之后，并且能很幸运地在最高价 1.250 元全数卖出，也仅能获利 10.6%，更何况我们很难卖到某天的最高价格，所以透过这样的交易方法，就算标的价格达不到目标获利价位也可以多赚些利润，从任何角度看都不吃亏，算是一个不错的

交易方式。在2021年6月1日至8月31日人工智能ETF（515980）的网格交易详细情况如下图6-11所示。

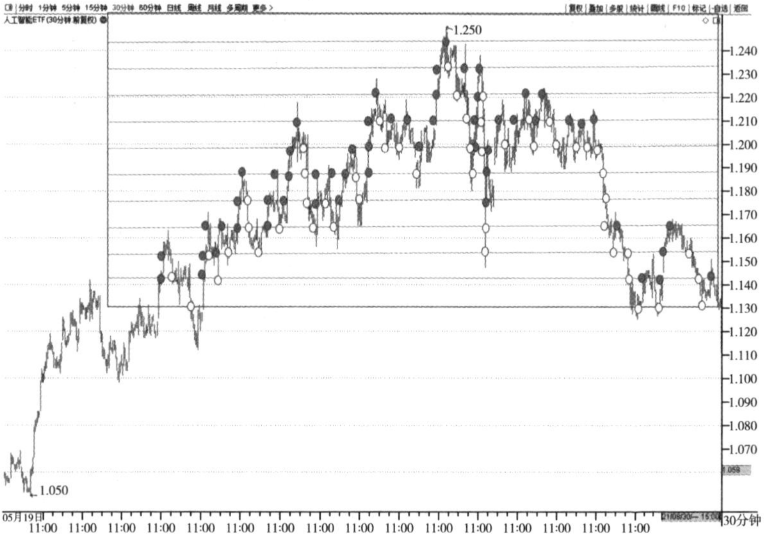

图6-11　人工智能ETF（515980）2021年6月至8月30分钟网格交易图

交易56次之获利为：

0.011×3400×56=2094.4（元）

收益率为：

2094.4/（50000×1.13）=0.0371=3.71%

当然我们也可以将网格交易设定成在投资人认为可能的高价时只卖出不买进，如此我们就可以将仓位平均地卖出，并且未来在行情回档时有足够的资金买入更大的仓位。若是按照上个例子的相同15格的网格的模式，只卖出不买入，上涨 0.011 元就卖出 3400 股，在这个过程中，可以卖出 10 回，并获利了结 40477 元，比上个例子的使用网格交易法时跌回成本 1.130 元时多赚了 2057 元，但要留意这时手中持股已经不同，投资人手中仅留下了 16000 股（见图 6-12）。但是后来人工智能 ETF（515980）跌回原先的成本价 1.130 元，这时可用先前卖出持仓的资金买入 35800 股，持股较原先多了 1800 股，报酬增加 3.8%，与持续的网格交易法的 3.71% 差别不大。

当然投资人也可以在 1.130 元之下再开始持续定投 ETF，不断地做长期降低成本的动作。

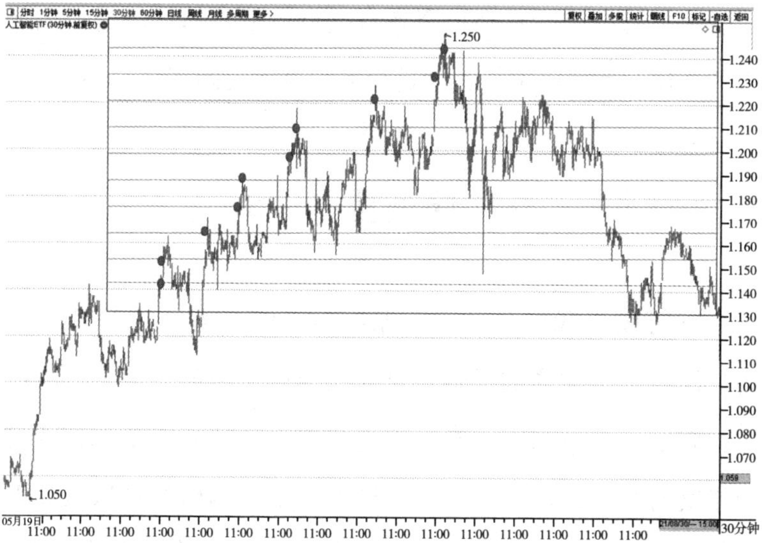

图 6-12 人工智能 ETF（515980）2021 年 6 月至 8 月 30 分钟网格交易图

网格交易法中，上下限价格区间的设定永远是个难题。按照标的“历史波段可能涨幅”或者“图型上的压力支撑”或甚至使用“20%左右”的猜想都有可能很好或很差。只不过，若能将未来一段走势的区间猜得越好，将使网格交易的报酬越好。

我们永远也不知道未来的行情走势将会如何，有可能会上涨，也有可能会下跌，投资人当然是可以按照想要的目的来设定网格的上下限价格区间，只是你也一定要清楚地知道，你是想要减少持有仓位，也要知道只卖不买的做法在未来震荡时无法赚到低买高卖的利润，并且在价格一直涨的时候不要后悔扼腕就好。只要投资者自己想清楚要的目的是什么及后果是什么就可以了，这才是交易中最重要的事。

区间降低持有成本

有时候当我们长期定存某标的ETF，但该标的ETF又迟迟没有一个像样的反弹，每次反弹后又回落，手中持股已经很多了，接下来有没有办法更快地降低持有成本呢？透过网格交易法，或许可以满足这样的需求。网格交易法最让人不放心的是投资人在行情上涨的过程中担心仓位愈卖愈少，可能还没有回本就已将手中的ETF仓位卖光，然后目送行情一直涨一直涨，让情绪真正地落入到懊悔之中，久久走不出来。所以若要使用网格交易法来降低持有成本，一定要按照自己的需求来设计，千万别因为想太快降低持有成本而陷入另一个更后悔的情境之中。

区间降低持有成本而使用网格交易法，只有在某种特定的情况卜才有赚钱效应。网格交易法的最大好处就是在某个区间之内可以低买高卖获利，它给了我们一个容错空间，而非在某一个支撑或压力下作非多即空的判断。网格交易最大的缺点是：只要价格一离开这个区间，就是“错”的了，离开网格交易设定的价格上限通常意味着“卖飞了”“卖早了”，而离开价格下限则意味着投资人“买多了”“买早了”。所以在网格交易中，我们一定要先确认，投资人是否内心不纠结于网格交易仓位“卖飞了”“卖早了”，因为只是其中的一部分仓位，“买多了”“买早了”也没关系，因为反正手中还有钱。

但不论何种情况，我们要预判标的资产在一段时间内能在某个区间内波动，若没有这样的想法，网格交易法很难降低持有成本。

降低持股成本的网格交易法，通常有下列两种方式。

（1）手中仍有资金时

投资者手中仍有资金可以交易时，若发现标的ETF已进入区间震荡且有上涨迹象（如图6-13），则虽然当时标的ETF的持仓成本并没有回到买入成本价格，仍可将新资金投入该标的的网格交易中。若标的ETF价格真的反弹或在某一区间来回震荡，这时网格交易将可以帮忙降低持仓成本；若行情价格突破上限，新投入的仓位全数出场，则获利可以降低原先持仓之成本；若行情跌破下限，则应立即出场，等待下次机会再投入资金来降低持仓成本。增加资金买入仓位

图6-13　中概互联网ETF（513050）

的做法是确保行情大幅反弹时，原先的持仓并不会因为网格交易法的启用而减少，再加上新资金网格交易的获利，如此持仓成本将可快速降低。

举例来说，2021 年小青长期观察中概互联网 ETF，希望能找到好机会逢低买入（如图 6–14）。由于贸易摩擦加剧，在境外挂牌上市的中概股跌幅不小，从最高价 2.65 元下跌至 2021 年 8 月份的 1.6 元附近，下跌了 39.6%，故小青在 1.6 元之下开始不断地买入中概互联网 ETF 的份额，经过长时间买入，小青已经买入了 50000 股，平均成本为 1.3 元。2022 年 5 月，境外挂牌的中概股开始大幅反弹，小青觉得中概互联网 ETF 的行情已经见底，故于 5 月 31 日价格为 1.071 元时再度买入 20000 元（18600 股）中概互联网 ETF 来做网格交易，买入后，其平均成本降至 1.238 元。

$$(50000 \times 1.3+18600 \times 1.071)/68600=1.238$$

在使用网格交易法降低持股成本的动作中，最重要的一步就是“何时能确定”未来行情可能会震荡向上，因为要在那个时候使用新资金加仓并用网格交易法降低持有成本。在本例中，在 5 月 31 日行情向上突破三个多月低档的盘整区间时，小青决定在此进场来降低成本。

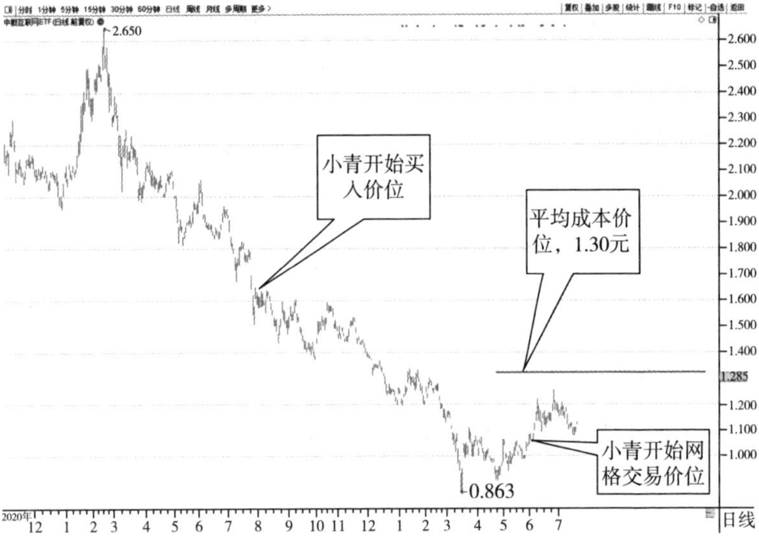

图 6-14　中概互联网 ETF（5135050）2020 年 12 月至 2022 年 7 月日线走势图

小青可将网格交易之上限价格设定为 1.25 元，下限价格设为进场价 1.071 元。由于原先持有中概互联网 ETF 仓位，加上再买入 20000 元后，成本降低至 1.238 元。小青判断 1.20 元之上将进入 2021 年所形成之压力区，上限设定为 1.25 元应该相当合理，故将网格上限价格设定为 1.25 元，使此次网格区间仅有 16.7%，所以只要 ETF 能上涨 16.7%，小青就可以将新买入的仓位全部抛光，账户中仅会剩下原先买入的 50000 股，这时成本即可降低。

读者可能会感到困惑，到底是如何设定上下限价格的？上下限设得太大，很久才成交一次；设得太小，每次的成交资金也太小，成本耗损太高。我们一般会以大约 1~2 个月期间标的 ETF 可能走出的区间幅度来设定，再使用支撑压力的技术分析来假定可能的区间，虽然不是 100% 准确，能定出有意义的区间即可。

本例中，区间设定在 1.250 元至 1.071 元之间，小青将这 16.7% 的区间分割为 15 格的网格，每涨跌 0.012 元（或 1.04%）则卖出或买进一次，网格设定表如表 6-3 所示。

表 6-3　中概互联网 ETF（513505）的网格设定表

网格数	价位	每次仓位	总仓位
0	1.250	−1800	−18600
1	1.238	−1200	−16800
2	1.226	−1200	−15600
3	1.214	−1200	−14400
4	1.202	−1200	−13200
5	1.190	−1200	−12000
6	1.178	−1200	−10800
7	1.166	−1200	−9600
8	1.154	−1200	−8400
9	1.142	−1200	−7200
10	1.130	−1200	−6000
11	1.118	−1200	−4800
12	1.106	−1200	−3600
13	1.094	−1200	−2400
14	1.082	−1200	−1200
15	1.070	0	0

2022 年 5 月 31 日小青买入中概互联网 ETF 后，其网格

设定如图 6–15 所示。

图 6-15　中概互联网 ETF（5135050）网格参数设定图

此处以方正证券量化平台为范例，市场上大多数的网格交易平台均很类似。价格上限为 1.25 元、价格下限为 1.070 元、网格的每一格为 0.012 元及每次交易 1200 股，这些设定在先前的交易计划中均有提及。值得留意的是，由于小青在建立网格量化设定前已于市场中买入 18600 股，所以可将初始最大可卖量设为 18600 股，使用资金设为 0 元，如此一来就算行情往下跌也会因为资金不足而不买入，但价格上涨后卖出 1200 股，则会有资金可用于再下跌的买回，故作此设定。

小青在5月31日进场后，总共卖出计42次，并于6月27日当行情涨过1.25元时将仓位全数出清（见图6-16）。那这近一个月的时间，到底可降低多少成本呢？我们可以用本书先前所述的方法计算一下，将网格的损益分为持仓损益及网格损益，但在这段时间的跳空走势对网格交易法是相对有利的，因为有的仓位卖的价位比较高，有的仓位买回的价位比较低。例如，6月8日的跳空，同一网格卖了两次，6月9日的跳空开高，同一网格卖了4次，或6月14日的跳空开低，同一网格买了3次，这都对网格交易是有利的。

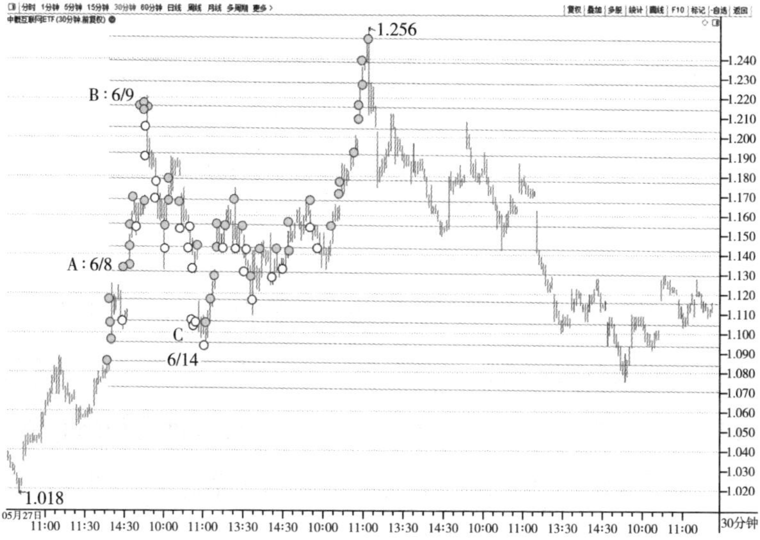

图6-16 中概互联网ETF（513050）5月27至7月22日之30分钟走势图

我们计算上先略而不计跳空导致较好结果部分。

每一格的损益：1200×0.012 元 =14.4 元

交易了 42 次的网格交易收益：14.4 元 ×42=604.8 元

持仓损益：14.4×（14+13+12+11+10+9+8…+1）=1512 元

总计获利：1512+604.8=2116.8 元

原先小青的成本为：1.3 元 ×50000=65000 元

（65000 元 –2116.8 元）/50000 股 =1.2576 元 / 股

故小青的持仓成本从 1.3 元降至 1.2576 元

所以手中有多余资金时，可在行情进入反弹时，设定好网格交易进行降低成本之动作，就算没有涨过上限价格 1.25 元，只要在跌破下限价格 1.070 之前出场，仍有其效果，若一进场即跌破下限价格，则应立即止损出场，等待下一次更确定的机会。

（2）手中没有资金时

在手中没有多余资金的情况下，是否也可以利用网格交易来降低成本呢？答案是肯定的，只是如何做的问题。任何降低成本或取得获利方法的前提，一定是对行情预估正确。就算无法完全预估正确，只要在区间内预估正确，即可达成降低持仓成本的目的。

①预期未来行情将下跌

若预期未来行情将下跌，可将手中仓位卖出50%，然后再透过网格“向下承接”以降低成本。这时要留意的一点是向下承接而非来回操作。因为要做降低成本动作时，已经将仓位50%出场，若再使用低买高卖的网格交易法来回做，未来行情下跌之后再涨回到原先卖出50%时的价位，由于手中低接仓位买入又卖出了，这时手中仅剩50%仓位，就算先前低买高卖小有赚头，但若价位再往上涨，没有补回仓位，就是捡个芝麻掉了烧饼之举，要回本之路反而更长。另外要留意的是，如果标的ETF走向判断错误，行情不跌反涨，要立即买回卖掉的仓位，否则回本之路更将遥遥无期。

举例来说，小青持有证券保险ETF（512070）50000股，成本0.8元。2022年2月22日跌破支撑，小青将手中持仓卖出25000股，价格在0.688元，拿回17200元现金，并计划价格涨回0.70元之上则将仓位全数买回。

根据图形分析，2月22日ETF价格跌破支撑，有可能下跌至0.62元（图6–17），故小青计划将卖出ETF的资金分批重新买入，以降低持仓成本。

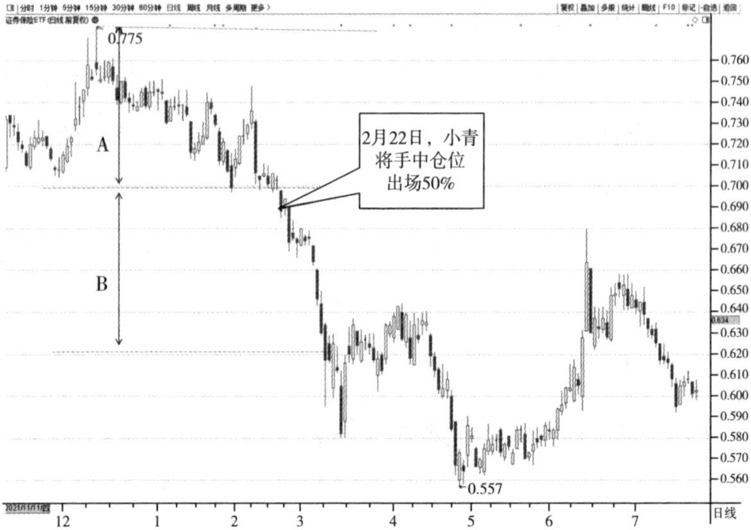

图 6-17　证券保险 ETF（512070）2021 年 11 月 11 日至 2022 年 7 月 22 日之日线走势图

小青将上图的 B 承接区划分成 10 个区间，将原先卖出的 25000 股再买回来，从 0.7 元到 0.62 元，每下跌 0.008 元便分批买入。价格如表 6–4 所示：

表 6-4　　证券保险 ETF 网格买入价格

网格数	价位	每次仓位	总仓位	所需资金	总资金
0	0.700	0	0	0	0
1	0.692	2500	2500	1730	1730
2	0.684	2500	5000	1710	3440
3	0.676	2500	7500	1690	5130
4	0.668	2500	10000	1670	6800

续表

网格数	价位	每次仓位	总仓位	所需资金	总资金
5	0.660	2500	12500	1650	8450
6	0.652	2500	15000	1630	10080
7	0.644	2500	17500	1610	11690
8	0.636	2500	20000	1590	13280
9	0.628	2500	22500	1570	14850
10	0.620	2500	25000	1550	16400

由于2022年2月22日之收盘价格已经跌破了第一个网格价0.692元到了0.688元，故卖出时仅需卖出22500股（25000−2500=22500股），接下来再以0.684元、0.676元、0.668元……一直到0.620元各买入2500股。故其成本计算如下：

卖出22500股计：22500×0.688元=15480元

总计买入的22500股共：（0.684元+0.676元+0.668元+…+0.620元）×2500股=14670元

新买入的平均成本：14670元/22500=0.652元

使用网格买入降低后之成本为：［（27500×0.8元）+14670］/50000=0.7334元

故透过卖出后再买回之成本从0.8元降低到0.7334元，

可降低 8.3% 的持仓成本。

当然我们可以发现，若是将手中持股全数卖出再买回，将可降低最多的成本。可是我们不能预测行情的走势，所以使用分批网格交易的方式是最简单及舒适的做法。若行情不跌反涨，也可立即将之全数买回。

②预期未来行情将上涨

由于没有其他资金加码，所以预期未来行情上涨的话，最好的做法是将手中的仓位牢牢抱紧，等待行情上涨，不要使用网格交易法。

但若是预计行情将在某区间来回震荡，这时网格交易法又可以有用了。我们可以在标的 ETF 预计上涨的价格区间内设定网格的上下限价格，若标的 ETF 的价格能在上下限价格间游走震荡，最后再回到价格下限后停止网格，那就可以透过低买高卖的过程来降低持仓成本（如图 6–18）。唯一要担心的是，若行情一直上涨至上限价格之上的情况发生，要如何处理？一定要买回来！将仓位买回来的动作，虽然使这次成本没有降低反而升高，但未来仍有机会让你再做降低成本的动作。但如果仓位没补回来的话，损益差别就更大了。

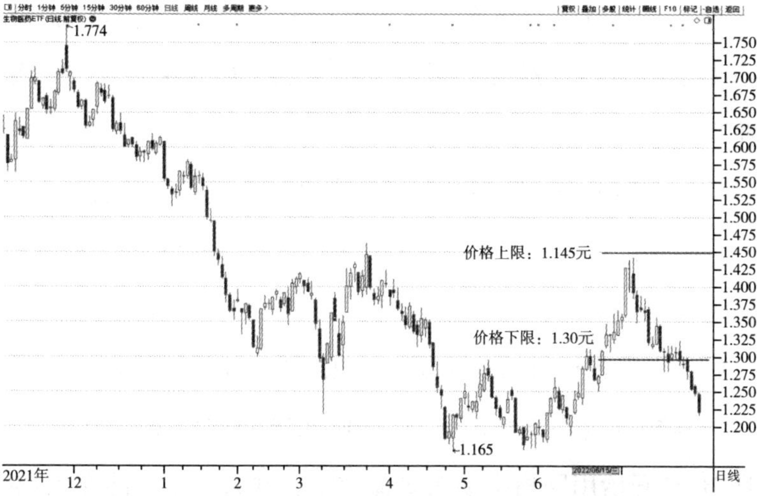

图 6-18　生物医药 ETF（512290）2021 年 11 月至 2022 年 7 月日线走势图

手中没有多余资金，预期行情又是偏上涨的震荡，此时使用网格交易法来降低成本是非常困难的一件事。因为在此过程中很容易卖光原本的仓位，导致在未来的行情中赚不到钱，但这种偏上涨的行情走势又是大多数人想去降低成本的时候，因为此时的心理压力没有之前行情一直下跌时那么大，当手中资产的价值停止不断下滑时，总觉得有机会使用一些做法帮助加快速度回本。但网格交易法的做法是 ETF 价格上涨时一点一点地卖出仓位，由于投资者先前在亏损时，行情价格是不断下跌的（否则你不会想回本或降低成本），所以当在想使用网格交易法一点一点卖出手中 ETF 之际，心中隐隐也觉得它又会跌回来让我们有机会再买，所以多数投资人这时常会犯下将手中 ETF 资产卖掉太多的错误，然后又买回来到高点，最后又再次被套牢在高点。

举个例子来说明在此用网格交易降低成本的做法。

小青持有光伏 50ETF（516880），经历过 2022 年初的下跌走势，手中的仓位已经套牢了，但是在 5 月份的连续上涨之后，小青觉得行情稳定了，未来可能以区间震荡的走势居多，判断行情在 1.130 元至 1.300 元区间的概率不小，故 5 月 30 日开始用网格交易来降低成本，并希望未来能在 1.130 元至 1.300 元震荡，并最后能回到 1.130 元附近，如此一来，所持有的仓位不变，但经过一阵的高卖低买就能够降低持有成本（图 6–19）。

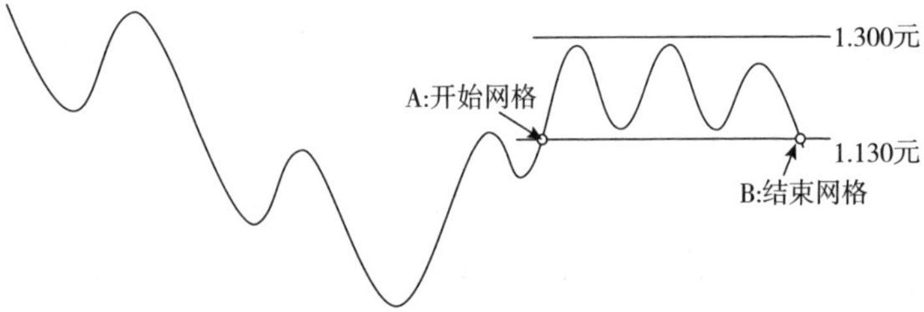

图 6-19　小青想象利用网格交易法降低成本的结果

实际上却是事与愿违的，光伏 50ETF 的走势比小青的预想强了许多，5 月 30 日顺利站上 1.130 元后（见图 6–20 中 A 点）就开始一路向上强劲反弹，虽然 6 月中旬偶有震荡，但在 6 月 20 日就突破了 1.30 元（见图 16–20 中 B 点）。现在小青要面临一个难题了：不将卖出去的仓位买回来的话，行情若一直上涨，由于仓位降低了，要回本就更遥遥无期了？但若是买回来的话，如果第二天价格又跌下去，岂不是把成本垫得更高了，未来回本会更加困难？

其实这并没有标准答案，一切都看 ETF 的未来走势，唯一能够做的事只是按照先前的计划来执行，所以小青也只能在 6 月 20 日那天，即图 6–20 的 B 点位置将仓位全部买回，但由于先前分批卖了，所以能买回的仓位会比当初持有的总仓位略少一些。

第二天，6 月 21 日，ETF 价格没有继续上涨，反跌至 1.30 元之下。这时小青又犹豫了，未来价格会不会又重回到原先设定的上下限之间震荡呢？这时再度陷入一个决策的困境。小青没有选择，只能按照原先的决定继续执行下去。第三天，6 月 22 日，ETF 的价格又涨上去了，小青只好继续再买回卖出的仓位。

虽然我们未来也许还可以等 ETF 再跌破 1.30 元时再将买回的仓位卖出去，用前面说过的方法（手中没有多余资金且预期未来下跌模式）来降低成本，但执着陷入把先前损失的钱赚回来的想法，反而使回本之路变得更慢，更花费精力。

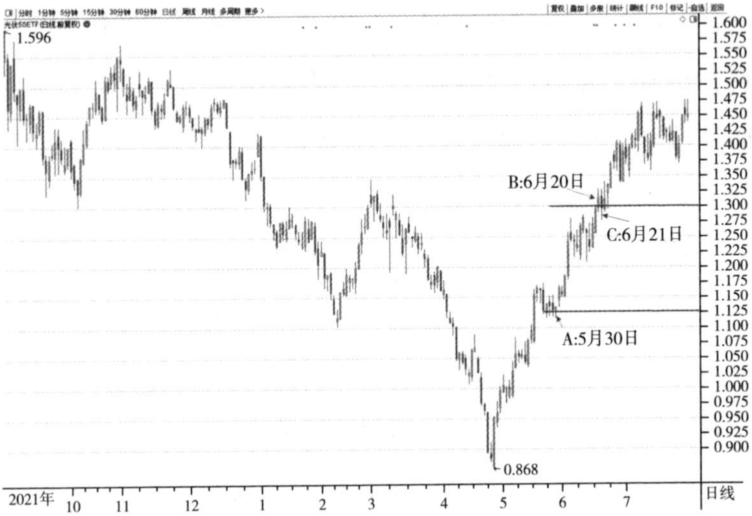

图 6-20　2021 年 9 月至 2022 年 7 月光伏 ETF（516880）日 K 线走势

经过这样的折腾，旨在降低持仓成本的动作反而变成拉高成本的动作，偷鸡不成蚀把米。这个降低成本的动作最大的痛点在于需要标的 ETF 的价格在我们所定的价格附近不断地来来回回。一般我们定的上限价格通常也就是压力区，所以若是能到那价位附近时，价格来回地上下涨跌可能是大概率事件，所以解决这个问题也能减少投资人的决策痛苦，通常的方法为：①将网格价格上限拉高至压力区之上；②当价格站上网格上限之后，等价格再往上突破时再将仓位买回。虽然解决方式不见得完美，但至少能将决策的痛苦适度地降低一点。

最后注意！我们发现，就算使用网格交易法来降低持有ETF的成本，仍免不了要对持有的ETF做出行情判断，如此才能设定出网格的上下限价格。除此之外，我们也需要更进一步备案，若是判断错了怎么办？标的ETF的价格击穿了上下限价格时，我们应该如何应对？若是没有预想应对方法的话，希望降低成本的做法有可能会使成本更高，回本之路更加漫长。

有的投资人认为，如果可以预判ETF未来的走势，那么我们就可以不用网格交易法来降低成本了。例如，我们如果知道未来价格将会下跌，那么将手中所有的ETF卖掉，然后在更低的价格买回，成本降低得岂不是更快？答案绝对是肯定的。只是我们永远不知道这件事是不是会百分之百发生。若我们能够比较有把握预估行情会在某一个区间波动的话，那使用网格交易法是比较有用的。虽然事后来审视，发现使用网格交易法的效果使我们判断的成果打了许多的折扣，但使用平均成本的区间方法，却可以使我们在执行上减少了许多的精神压力，中间的选择需要投资人自己来决定。

本章问题

1. 小青定存沪深300ETF，每个月持续定存已经有100000股了，目前的成本为4.5元。她想获利20%后将手中ETF仓位开始做网格，涨过上限就出清，请问要如何设计网格交易呢（格数、上下限价格自行设定）？

2. 小青定存沪深300ETF，每个月持续定存已经有100000股了，成本为4.5元。但沪深300ETF目前价格为4.3元，小青想降低手中持仓成本，请问小青该如何设计呢？

第七章

网格交易的范例

绝大多数投资者赚不到钱，绝对不是买不到会涨的股票，而是手中总是抱住了会亏钱的股票。

只要有抱住亏钱股票的习惯，就永远赚不到钱。

这个原则对所有交易都一样，也包括网格交易。

多数投资人在学习网格交易法时，会不断地思考：网格到底要设定多少格才好？网格的上下限要如何设定才好？在设定网格时是不是要设定不对称的网格呢？有太多太多的问题需要去考虑，却忽略了网格交易实际上是一个路径归依的问题，即“如果我们知道标的资产的走势，我们就可以设计出完美的网格”。但是在此之前，没有一种设定方式可以完整地概括所有标的资产的任何走势。

网格交易法不是一种用了就可以稳赚不赔的方法，但是只要设定得当，就可以帮我们在交易中感觉比较舒服，也是可以帮使用者在震荡走势中获取较高收益的方式。从先前章节的许多片段中可以观察到，使用网格交易法与一般买卖股票一样，唯有股价上涨才可以获利，最大的不同点是使用网格交易法，我们不需要标的资产大涨，只要标的资产在投资者所定下的上下限价格内上下波动即可获利。使用网格交易法时，不要求投资人选到飙股，但要善用较简单的波段交易方法。

优秀的波段交易

什么是优秀的波段交易呢？我认为大致包括以下几种：

①简单明了，不要太多主观交易成分。太多的主观交易等于马后炮，到时候怎么说都行。最好是所有的交易在交易前就知道要怎么做，所有的进出场方式事前都说明白，不要有模楞两可的空间，或事后再说明的马后炮。

②每年的次数合理。不用每天进出，不是盘中一不看盘就错失了机会的那种方式。最好是每天收盘前看一下就立即知道要不要进场或出场。

③持有时间合理。做一个波段，我们希望时间不要太长也不要太短，大约能持有 1 个月左右是最好的。如果持有时间太短，如 3~5 天即进出场一次，网格交易的效果无法发挥，这种交易反而比较类似做标的物的波动而非波段。如果持有时间太长，如半年或一年，那么网格交易法上下限价格的设定范围可能会很大，使得每一个网格所使用的资金

非常小或是每一个网格间距非常大，使网格交易的效果大打折扣。

④不会大赚大赔。我们希望波段交易时止损价格不要太远，也隐含着每一次进场的风险 / 报酬比要合理，不要每次进场只赚一点点，然后出场止损却亏一大笔。在每一次的交易中，亏损的交易与获利的交易要维持一个合理的比例才行。

要符合这些交易条件，在时间架构上，使用日 K 线来判断比较符合我们的需要。投资者可以在收盘前，即当天 K 线要结束前，决定是否要进场或出场。投资者也可根据需要持有时间长短，来决定技术指标的参考或均线的参数，如此可以得到我们想要的时间长度的波段交易。

现在，请各位问自己：有一种方法可以赚到钱，愿不愿意恪守纪律去做呢？回答这个问题是很简单的事，但要做到这件事却是交易行为中最困难的。若是可以做到，不仅仅在网格交易中，在其他任何领域的交易应该都比大多数投资人强上许多了。

按照计划来做，把这件事当成一个信条、一种信仰，而交易就是一种信仰。

波段交易的方法

在波段交易上，我们大致将方式分成四个区块：①进场方式，②出场方式，③波段中空手之再进场方式，④仓位管理。

我们用市面上最简单且最常用的指标 MACD 来设计网格交易法中的波段交易。

（1）进场方式

当 MACD 指标中的 DIF 向上穿越零轴，则进场做多。

这是一个非常简单清楚的进场讯号，当我们选定的标的 ETF 的技术指标 MACD 中的 DIF 大于零时，收盘前立即进场（如图 7-1 所示）。从图中我们可以看到，2022 年 2 月至 5 月上旬，DIF 都是小于零轴，直到 5 月 17 日，当天行情拉出阳线，DIF 也从前一天的零轴之下向上穿越零轴，故于 5 月 17 日收盘前买入，在实际的买入时间点上，可以利用最后收盘前的撮合成交来成交。

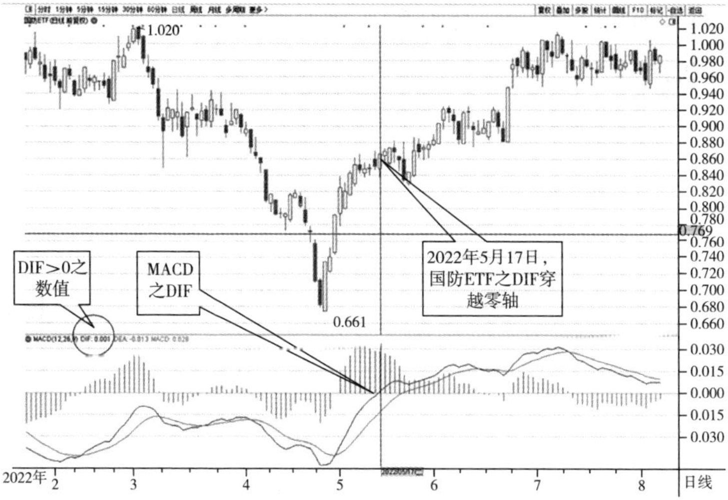

图 7-1　国防 ETF（512670）2022 年 1 月至 8 月 4 日之日 K 走势图

采用技术指标的方法，一定会在行情上涨的时候发现讯号，买入的时间点对许多人来说或许不是最好，但对于使用网格交易法的投资人来说，只要未来的趋势能够往上，其实影响并不大。只要最后能够突破网格设定的上限价格，让这一次的网格交易能顺利结束，所赚到的金额都是差不多的。唯一有差别的是，若是标的 ETF 的价格无法顺利往上，反而跌破下限价格，那么我们这一次的网格交易就要止损出场，等待下一次的进场机会。

我们观察多档 ETF 在 2022 年的走势，大多数标的 ETF 向上穿越零轴时，都可持续一段震荡向上的走势（图 7-1 至图 7-4），而在年初的下跌趋势中，有些标的 ETF 会在讯号出现后却涨不上去（图 7–5），这时就要止损了。

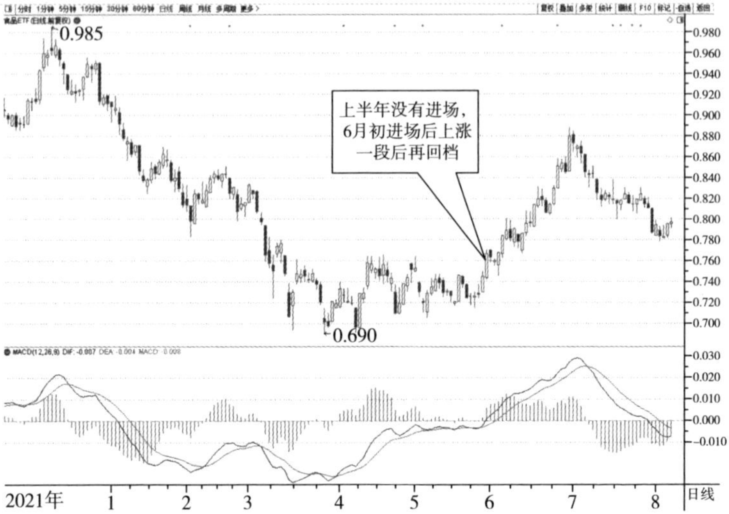

图 7-2　食品 ETF（515710）2021 年 12 月至 2022 年 8 月 5 日之日 K 走势图

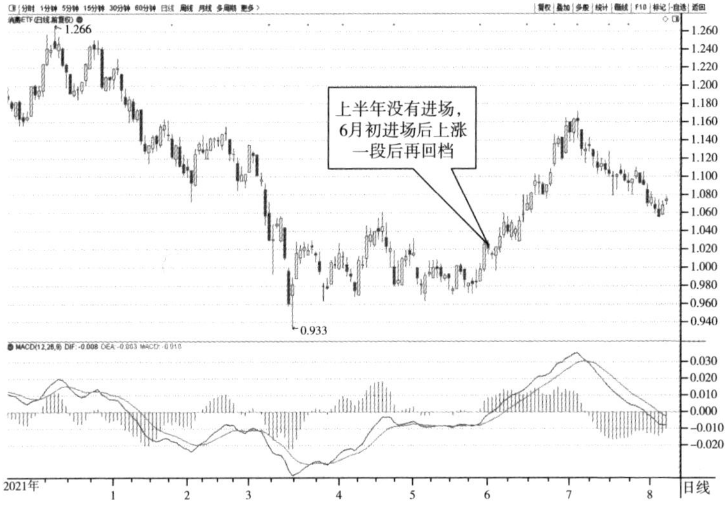

图 7-3　消费 ETF（159928）2021 年 12 月至 2022 年 8 月 5 日之日 K 走势图

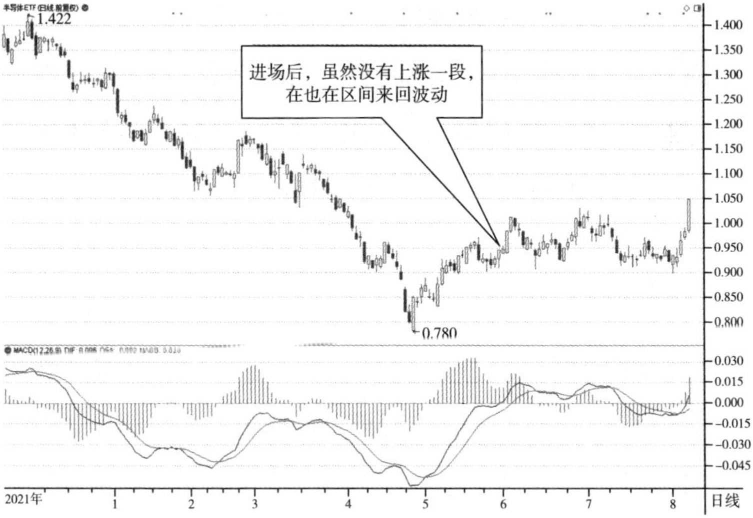

图 7-4　半导体 ETF（512480）2021 年 12 月至 2022 年 8 月 5 日之日 K 走势图

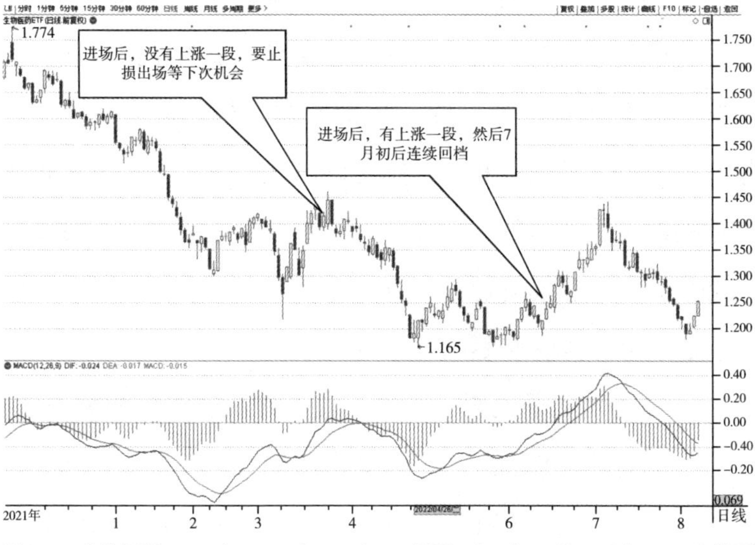

图 7-5　生物医药 ETF（512290）2021 年 12 月至 2022 年 8 月 5 日之日 K 走势图

由此可见，大多数标的ETF在多数情况下走势还是比较有趋势的，就算没有形成趋势明显的走势，只要不是快速且猛烈的下跌，在网格交易法中，使用MACD中的DIF来当成判断趋势的进场讯号，还是有用的。

（2）出场方式

我们的出场方法分成三种。第一种是行情涨幅太快太大，一下子就穿越了投资人所设定的网格上限价格，这时仓位已全部出清，获利了结自动出场。第二种是出现进场讯号之后，行情走势不如预期，不涨反跌，当行情价格走势走弱时应止损出场，就算这次的止损是错的，也应该立即出场。第三种则是我们持有仓位，由于行情没有跌破止损也没有向上穿越上限价格，当标的ETF的收盘价格创新高时，这时投资人可以启动追踪止盈（损）的方式，将出场位置尽量留在偏高的价位，这样我们不仅可以赚到网格利润，也可以赚到持仓利润。我们将这三种方式分别说明一下。

①涨幅太大，穿越网格设定上限。

直接使用例子说明。小青一直看好新能源车相关股票，并且一直想利用网格交易法交易新能源车ETF相关标的。2022年5月19日看到新能源车ETF（515030）的MACD指标之 DIF 向上穿越零轴，于是在收盘前买入（见图 7–6）。

图 7-6 新能车 ETF（515030）2022 年 1 月至 8 月 5 日之日 K 走势图

小青买入后，行情仅经过小幅回档即一路上涨，在 6 月 17 日大涨后收盘价穿越网格交易法的上限价格。这时小青手中已没有任何仓位，标的资产也到达目标价位，故可将网格交易的程序停止，完成这一次的网格交易，并观察未来是否有值得再买入的标的。

这次的交易，虽然标的资产涨得很快很凶，但是持续时间仍近一个月，在持仓时间的节奏上，符合原先的预期。

②不涨反跌，跌破止损价格。

产生买入讯号后，行情震荡向上的概率可能会比投资人想象得低，千万别想太多，止损是最好的选择。是的您没看错，做网格交易也要止损。很多人以为我们进场时以 MACD 的 DIF 向上穿越零轴为依据，所以出场也应该只是以 MACD 的 DIF 向下穿越零轴为依据，其实这样做是可行的，其结果也与本书使用的方式相差不多，只是我个人更偏好使用设止损价位的方式。通常以过去 4 天的最低点当成止损价，如某一天的收盘价格跌破该价格，则立即止损出场。

我们希望能设定一个较舒服且不会让投资者损失很大的止损价位，而仓位进场后的那一段时间是很关键的。我们希望这次的判断是对的，又不希望如果是错误时结果变成一场灾难，故止损的设定相对重要，一定要非常确认。止损是很不容易做到的事，但投资者一定要想办法做到，否则交易很难进行下去，止损也会让投资者在价格更低的时候有资金做应该做的事。在 2022 年下跌过程中，许多人跟我说："价格已经跌了这么多了，如果这个时候止损，未来涨起来怎么办？我是不是就止损到低点了？在这个价格止损是不是让我看起来很呆？"投资者这时候心中会有太多的恐惧或怀疑，这是交易中一定要克服的部分。若是无法克服，则永远无法在这个市场赚到钱。

直接举例说明：

小青观察生物医药 ETF（512290）价格下跌了很久，2022 年 3 月 24 日收盘前 MACD 的 DIF 向上穿越零轴，故立即以 1.446 元的价位买入，进场当日的收盘为近期波段新高，同时将止损价格设定在近 4 日的低点。由于整体市场仍然低迷，故第二天生物医药 ETF 立即以大阴线下跌，第三天又续下跌，跌破了入场时设定的 4 日低点的止损价位，以 1.381 元出场（见图 7–7）。

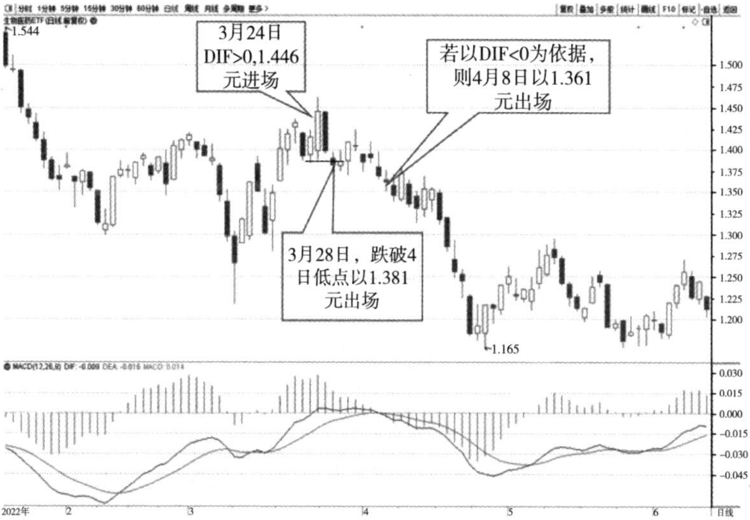

图 7-7　生物医药 ETF（512290）2022 年 1 月至 6 月之日 K 走势图

虽然这一次的止损幅度有点大（约 4.5%），但仍避掉了接下来 2022 年 4 月下旬一段猛烈的下跌。虽说 ETF 不像个股，没有退市风险，且未来价格可能都会涨回来，但是能在熊市中保有现金，也就保有了绝佳的选择权利，说不定过一阵子小青买入了其他更好的标的 ETF，损失很快就可以赚回来了。

③标的 ETF 收盘价格创新高，开始启动追踪止盈（损）。

当投资人进场后，标的 ETF 价格创下起涨波段的新高价位，这时可以开始计数，找到最近 4 天（含当日）的最低价当成止损价位。然后启动追踪止损机制，每当收盘创下本次起涨的波段新高价，就可以再开始找最近 4 日的低点，当成止损价位。如此持续下去，直到网格交易的仓位全部出场，再找下个标的 ETF 进场交易。

举个例子让大家比较清楚了解追踪止损交易模式。

小青观察新经济 ETF（159822）有一段时间了（图 7-8）。2022 年 5 月 30 日，发现其 MACD 的 DIF 终于向上穿越零轴，故于当日收盘前买入，并开始网格交易。6 月 8 日，收盘价位终于创下本次起涨后波段的新高价位，故将追踪止损价位放在 A 点。6 月 9 日，收盘价位再度创下新高，但过去 4 天的最低点没有改变，仍然在 A 点价位。6

月 24 日，收盘价位第三次创下波段新高，这时止损价位移动至 B 点价位，就算未来行情下跌，此次出场能够获利已是十拿九稳的。6 月 25 日，第四次创下收盘的新高价位，这时追踪止损价位也移动至 C 价位，虽然 C 价位止损价位与先前的 B 价位没有太大的差别，但总算是向上移动了一点点。网格交易一直持续到 7 月 15 日，跌破 C 价位，收盘时小青将手中全部仓位出清，了结此次的网格交易，等待下一次的交易机会。

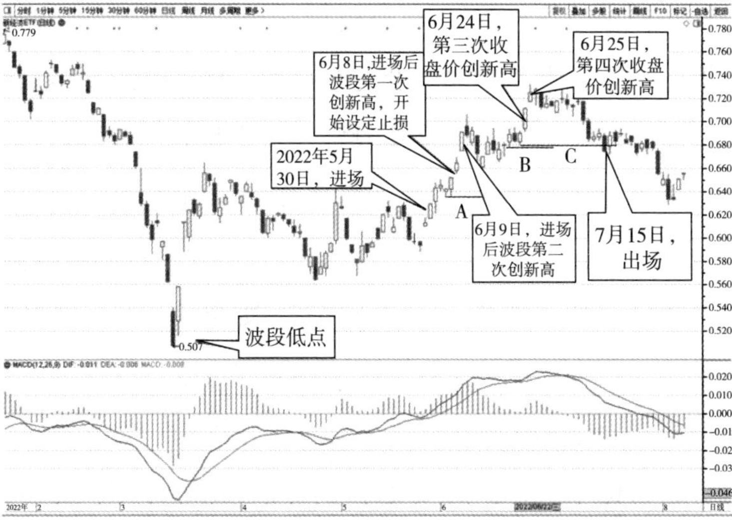

图 7-8　新经济 ETF（159822）2022 年 1 月至 8 月之日 K 走势图

追踪止损出场或 DIF 跌破零轴出场，两种方法当然各有利弊，在不同的行情走势中有不同的效果。其实无论使用收盘创新高寻找四日最低点当成止损的方式，还是直接以 DIF 跌破零轴止损的方式，每次出场都不会是相对的高价，甚至会在行情已经回档了一大段才出场，但是为了尽量抓到波段，有时晚一点出场比起投资人自由出场要好得多。在交易中，别太相信福至心灵的想法，有时节奏一没弄好，在高档出场后，反而又想去买其他在高档的标的，再忍受同样的回档过程，总计起来并没有多赚钱。

使用收盘创新高移动止损的方法，在有些时候会比使用 MACD 之 DIF 跌破零轴较早出场，多留住一些利润（图 7-9），也有些时候却会延后出场（图 7-10），能延续网格交易的时间长度，会让投资人在交易时比较舒服。不过在此也要提醒投资人，如果要使用这种方法，不要和 DIF 跌破零轴的方法混合使用，以免出场时造成判断困难。因为根据人的不理性，一定会想着，如果使用另一种方法我还不用出场，所以又换到另一种出场方法，总是会选择依照当时自己心中想的去做，如此下来，由于每次都可能选择错误的方式，到时候交易中总是充满着后悔，交易更乱了阵脚。

图 7-9　食品（515710）2022 年 1 月至 8 月之日 K 走势图

图 7-10　VR ETF（159786）2022 年 1 月至 8 月之日 K 走势图

（3）波段中空手之再进场方式

有时候标的资产仍在上涨的波段中，但投资人因为刚获利了结先前其他标的之网格交易，或是因某些不知名的原因仍是空手，想找机会切入做网格交易，却苦于找不到进场点，若是在涨幅很大时进场，害怕买到最高价位，万一止损又难免大失血，但不进场却一直看着行情持续上涨，让人更痛苦万分。

此处的波段中空手进场，当然指的是 DIF 大于零的这一段走势，最好 MACD 的柱状也是大于零的红柱，如此也表示着目前是波段正处于强势的上升走势。在如此情况下，投资人可以趁当天是阳线且阳线的收盘价大于先前最近一根阴线高点时进场，而止损价位仍可设于近 4 日的最低价位。若是波段可以持续，理论上应该可以再走一波上涨行情不会触及止损，但若触及止损，则表示这个波段可能不够强势，或是走到了波段偏向末端的走势。

我们用图 7–11 来说明一下波段中进场的时机。小青错过了证券保险 ETF（512070）在 6 月 9 日的进场时机，又觉得证券保险 ETF 的价格够低了，所以想找机会买入。6 月 23 日，由于当天阳线收盘高于前日（最近一次）的阴线高点，故于当日收盘前买入，并将止损价位设于 A 点，即近 4 日的最低价位。不过由于证券保险 ETF 表现太弱，这也表示小青对证券保险 ETF 价格过低的看法是错误的，故于 10 个交易日后止损出场，接下来证券保险 ETF 的走势也证明及时止损是对的。

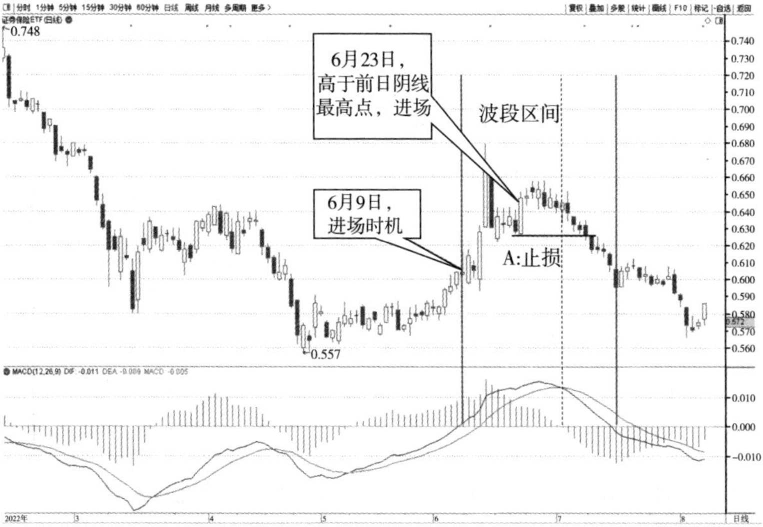

图 7-11 证券保险 ETF（512070）2022 年 1 月至 8 月之日 K 走势图

再举一个成功进场的例子（图 7–12）。小青错过了国防 ETF（512670）在 2022 年 5 月 18 日的进场时机，接下来一直想找机会再进场。6 月 2 日小青终于等到机会进场，虽然感觉价格偏高，但她仍勇于进场，并将止损价位定于 A 点。进场后行情走势持续震荡中，6 月 23 日国防 ETF 拉出大阳线，小青便将止损价位定于近4天的最低价位B点。接下来的一个多月，行情高位持续震荡，止损价位也逐渐上移至C点，现在就算国防ETF下跌跌破止损价位，小青也大概率能获利出场。

图7-12　国防ETF（512670）2022年1月至8月之日K走势图

波段中再进场，通常会用于投资者交易某标的ETF之网格交易出场后，发现该标的ETF是真正的热点，未来持续上涨的机会仍大，且目前仍然在上升趋势中，所以可以利用该方法找到再次进场的切入点。也可能刚刚结束其他标的ETF的网格交易，想切入更强势的标的，就可以用这种方式来进场买入网格交易标的。

图 7-13 光伏 50ETF（516880）2021 年 3 月至 11 月之日 K 走势图

如图 7-13，此交易的重心在于，投资者要能够判断目前仍在波段的上升趋势，而买入点则是在上升趋势中的回档结束之际，这点我们用阳线收盘涨过最近的阴线之高点来定义，所以才会称此方法为波段中之再进场的方法。

（4）仓位管理

网格交易与其他所有的股票交易都一样，要在标的股票上涨的走势中才能获利，虽然对下跌的容忍空间大一点，但是基本道理都是一样的。基于这个原理，我们对进场、出场、止损及再进场都做了一些描述，但没能涵盖整体交易方法的全部。

在多年的投资经验中，我们发现要想实现绩效的大幅改进，唯有在每次牛市与熊市及再次牛市的转换中精准地拿捏住仓位，即在牛市行情中，尽量持有股票；在熊市中，则尽量持有现金。如此，便能在下次牛市时，以更低的价位建立起足够大的仓位，在持有股票或标的 ETF 的前提下，享有股市上涨的红利。

这并不容易做到。就算有些人能意识到这件事的重要性，却也无法切实做到。最主要的原因是无法做到确确实实的止损动作，于是在牛市是可以赚到钱的，但在熊市中却又把赚到的钱赔回去，经过数年后，资产总是来来回回地在原地踏步，甚至愈来愈少。许多人从交易方法的角度知道该怎么做，但心理层面却总是跟不上，所以能够确实做到真是很不容易的事。大多数人在股市中总是害怕少赚，看到别人多赚或是觉得自己错过多赚的感觉比亏钱还要痛苦，这种心理会让投资人在熊市来临时总是亏得更多。千万要记住，止损后的少赚，是预防资产大量流失的重要动作。在任何比赛中，防守总比进攻更重要。这次的少赚，只是为未来的大赚做了准备。不能防守的交易，总是无法在未来的交易中赚到更丰厚的利润。

那么我们要如何判断牛市及熊市时的持仓呢？

在做交易的仓位管理前，必须要有一个基准指标（benchmark）来帮助我们判断现在是牛市还是熊市。在此我们使用上证指数（000001）并结合一种最简单的方式，也就是我们先前用来决定进出场的 MACD 指标之 DIF 是否大于零，来判断当下是牛市或是熊市。

在日线级别的 K 线中，如果 DIF>0，则假设是牛市的波段。

在日线级别的 K 线中，如果 DIF<0，则假设是熊市的波段。

简单的方法有助于清晰判断。只要收盘时 DIF 站上零轴，则表示现在是在上升的牛市波段中；如果当天收盘时 DIF 跌破零轴，则表示现在是在下跌的熊市波段中。其判断如图 7-14 所示。

或许这并不是十分完美的判断，有时候在牛市开始时进场太晚，有时在熊市出场时出场太晚，利用技术指标辅助判断本来就有滞后性，所以这样的缺点是无可避免的。但是这种方式却可以让我们在大的熊市中避掉重大损失，在大的牛市来的时候可以得到丰厚的利润。如果这样的愿望是可以达成的，那么我们可以接受错失一些机会。

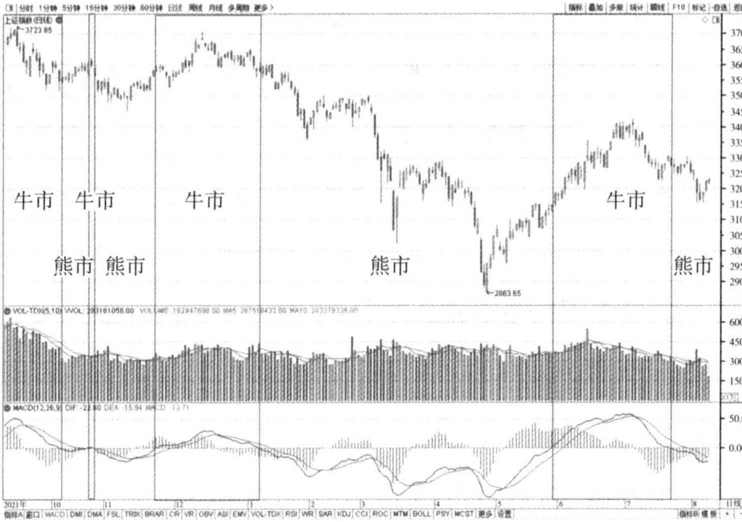

图 7-14　上证指数（000001）2021 年 11 月至 2022 年 8 月之日 K 走势图

那么我们要如何利用牛市与熊市的转换过程来控制仓位呢？我们一般会：

牛市时持有 80% 以上的网格交易仓位，熊市时持有 30% 以下的网格交易仓位。

用这样的方式来规范我们先前所说的，牛市时尽量持有股票，熊市时尽量持有现金。

我们综合以上的进场、出场、波段中空手再进场及仓位管理四项内容，其整体的交易流程如图 7-15 所示。

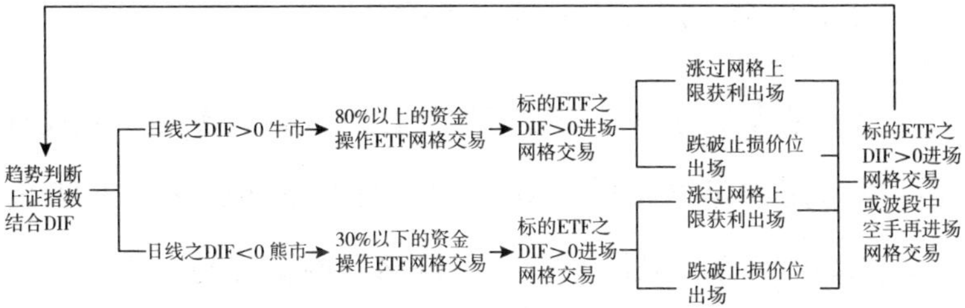

图 7-15　网格交易之进场、出场、再进场及仓位管理之交易流程

交易实例

整个流程都知道了，也知道进出场的原则要怎么做，但整体做下来是什么样的情况呢？是不是还是有些细节在实际交易的过程中会引起一些困惑？我们用实际的例子来说明，让想做网格交易的投资人更清楚实际操作的每一个动作及应用。

由于我们已经简化了整个网格交易的进出场流程，在此对网格的设定流程，我们再作进一步简化，否则每次都要寻找支撑与压力价位来设定上下限价格，对于交易的随机性太大。接下来，使用标准的方式来说明一下整个交易的流程，好让大家明了网格交易法之实际运作。

（1）设定网格成为标准格式

为了保持交易的一致性与方便性，没有太多时间的投资者可以采用固定网格的交易方式。我们不知道标的ETF的未来波动及走势，采用一种标准网格的网格交易会不会使原来应该赚钱的网格交易变成亏损的交易呢？其实根本不太可能。如果网格交易因为格子大小的设定不同就有获利与损失的天壤之别的话，那么这种交易方法的网格设定将成为显学，而网格的实用性也大打折扣。

首先，我们将所有可投资的标的ETF设为标准的网格大小，也设定固定的上下限价格。

①将标的ETF网格上下限价格差距设定为30%。在进场时判断标的ETF将会“上涨”，我们才开始做网格交易，而30%也是我们希望ETF每个波段能涨到的目标。将网格间距定为2%，如此这个固定通用网格总计会有15格的网格。

②将进场价格设为基准价格，基准价格上面有12格网格，下面有3格网格（表7–1）。做网格交易前，我们希望进场后标的ETF能向上震荡，若是进场后即开始下跌，我们根据价格的支撑与压力会做相对应的止损动作，下面3格

约 6% 的止损区间在理论上是足够的，所以上下空间采用 4 ：1 比率的网格设定。我们设定网格时根据支撑压力，均设定上面的空间较大而下面的空间较小，毕竟是因为看好未来的上涨走势才进场的，所以上面网格的空间大是比较合理的设定。

表 7-1　　标的 ETF 之基准价格为 1 元之网格设定范例

网格数	价位	每次仓位	总仓位	金额	总金额
0	1.24	0	0	0	
1	1.22	2200	2200	2684	
2	1.20	2200	4400	2640	
3	1.18	2200	6600	2596	
4	1.16	2200	8800	2552	
5	1.14	2200	11000	2508	
6	1.12	2200	13200	2464	
7	1.10	2200	15400	2420	
8	1.08	2200	17600	2376	
9	1.06	2200	19800	2332	
10	1.04	2200	22000	2288	
11	1.02	2200	24200	2244	
12	1	2200	26400	2200	26400
13	0.98	2200	28600	2156	28556
14	0.96	2200	30800	2112	30668
15	0.94	2200	33000	2068	32736

举例来说明网格是如何设定的。

假设标的ETF的价格为1元，而当时要进场，小青有33000元现金在手，当日收盘前以1元的价格买入标的ETF，那么在收盘后小青要如何设定网格才能在第二天开始正常的网格交易呢？

由于基准价格是1元，而每一格的间距是2%，故每一格网格是：

1元 ×2%=0.02元

所以当行情上涨0.02元时，小青将卖出1次网格交易份额；若行情下跌0.02元，小青则买入1次的网格交易份额。

那么小青有33000元，在首次进场时要买入多少份额呢？每一网格又要卖出多少份额呢？

在设定网格之时，由于上涨区间是下跌区间的4倍，即上面有12格的网格，下方有3格的网格，故起始大约需要资金总额的80%买入ETF：

33000元 ×80%=26400（元）

26400元/1元/股=26400股

所以小青需要买入26400股开始启动网格交易。

由于采用 15 格的设定，所以每一格的资金大约为：

33000 元 /15=2200 元

2200 元 /1 元 / 股 =2200 股

算出来小青每一网格大约用 2200 元来交易，但这是大约计算出来的数字，具体设定时要视情况而定。

若使用固定金额来设定，小青可以设定如下：

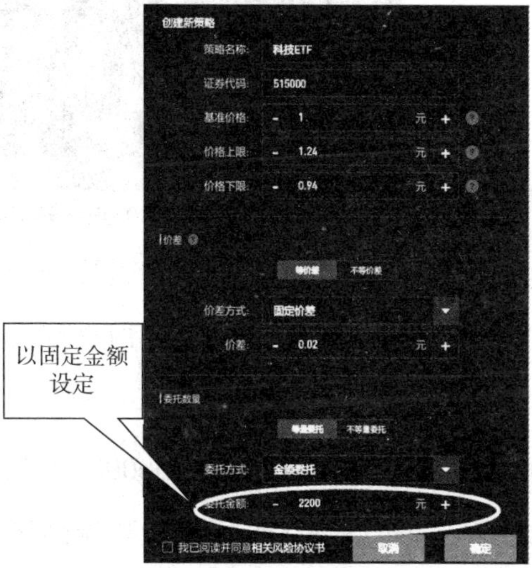

图 7-16　以固定金额设定每格网格交易金额（方正证券量化平台为例）

若小青以固定股数设定，则再进一步计算出，每次网格交易需要买入或卖出多少股，在输入网格交易参数时相对麻烦一些。

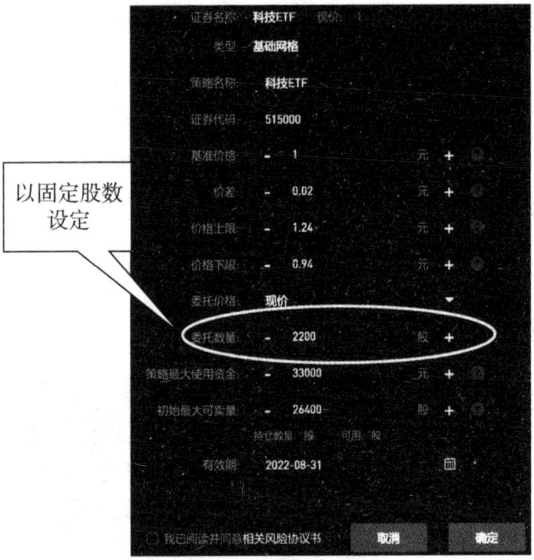

图 7-17　以固定股数设定每格网格交易股数（方正证券量化平台为例）

经过这个流程计算，小青已经很清楚要开始网格交易时起始需要买入多少股票，每次网格交易时会买入或卖出多少股了。

又假如小青手中持有的现金是 50000 元，标的 ETF 为酒 ETF（512690），价格是 0.85 元。她要做网格之际，在收盘前就可以将仓位建好，接下来再调整仓位即可。故小青不用借助任何一家证券公司的量化网格交易平台，也可以很快计算出起始要买入多少股，下一次的买入卖出价是多少，每一次的网格交易多少股：

50000 元 ×80%=40000 元

小青可以用 40000 元买入起始仓位的股数 47000 股。

40000 元 /0.85 元 / 股 =47000 股（取 47058.8 股的最大成交手数）

每上涨 0.017 元或下跌 0.017 元可以卖出或买入

0.85 元 ×2%=0.017 元

每次网格所买入或卖出之股数为 3900 股

50000 元 /15（格）=3333 元（约）

3333 元 /0.85=3900 股（3921.6 股）

这样小青就可以很快地用手动的方式计算出具体网格交易所需要的要素数值。

相信眼尖的投资朋友应该可以看出，这种快速手动建立网格的方式误差在什么地方，例如这次的酒 ETF（512690）例子中，若 ETF 上涨 24% 后，小青并没有全部卖光手中的 47000 股 ETF，还会剩下 200 股，故起始建立股数应该是 46800 股，而非 47000 股。虽然误差不大，但许多人仍会需要更精密的第一次买入股数，若如此，除了在每次网格交易前要把网格表建立起来（表 7–2），我们也可以直接计算。

我们可以先计算出每格要买入卖出多少股：

50000 元 /15（格）=3333.3 元

3333.33 元 /0.85 元 / 股 =3900 股（3921.6 股）

由于我们总是在第 12 格建立仓位，故小青建立仓位时可以买入 46800 股更为精确。

3900 股 ×12=46800 股

表 7-2　50000 元建立酒 ETF（512690）之标准网格

网格数	价位	每次仓位	总仓位	金额	总金额
0	1.054	0	0	0	
1	1.037	3900	3900	4044.3	
2	1.020	3900	7800	3978	
3	1.003	3900	11 700	3911.7	
4	0.986	3900	15600	3845.4	
5	0.969	3900	19500	3779.1	
6	0.952	3900	23400	3712.8	
7	0.935	3900	27300	3646.5	
8	0.918	3900	31 200	3580.2	
9	0.901	3900	35100	3513.9	
10	0.884	3900	39000	3447.6	
11	0.867	3900	42900	3381.3	
12	0.850	3900	46800	3315	39780
13	0.833	3900	50700	3248.7	43028.7
14	0.816	3900	54600	3182.4	46211.1
15	0.799	3900	58500	3116.1	49327.2

（2）设定股票池

在投资标的ETF前，投资人一定要有自己未来想投资的ETF股票池。虽然ETF标的非常多，但许多都是非常类似的，例如类似证券类ETF有11只，有色金属类有8只，芯片类有6只，甚至有些名称看起来不同但追踪标的却相差不多的ETF，如食品ETF、消费ETF、酒ETF，虽然名称上差别不小，但追踪的重心几乎都是酒类个股。所以为了让我们在开始投资前不要仓促决定买哪一只ETF，可以先行建立一个ETF的股票池，而股票池的内容应尽量分散，且以波动性大的为主。

为了能够简单说明，假定股票池之ETF有十只：

①半导体ETF（512480）

②酒ETF（512690）

③医疗ETF（512170）

④煤炭ETF（515220）

⑤资源ETF（510410）

⑥科创50ETF（588000）

⑦光伏50ETF（516880）

⑧中概互联网ETF（513050）

⑨新能车 ETF（515700）

⑩国防 ETF（512670）

股票池中的 ETF 标的，应该是自己长期看好并关注、追踪的；应该选择波动较大且交易量较大的；选择的产业分布应尽量分散，如此在不同的景气阶段时，可能都有机会可以操作。

我们假设投资人持有资金 10 万元，在 ETF 交易中，若是判断牛市，即满仓持有 3 只 ETF，若是熊市，则持有 1 只 ETF。如此在投资的仓位管理上符合牛市 80% 以上仓位及熊市 30% 以下仓位的原则。

在投资 ETF 的过程中，若观察上证综指发现 MACD 指标的 DIF 大于零，即牛市讯号发生，此时常常走势较强的 ETF 早已产生讯号，而走势较弱的 ETF 却未能产生入场讯号，要刚刚好在上证综指的指标转强当天股票池中的 ETF 也“刚好”发出买入信号的情况，是十分少见的。因为在实际交易中根本不可能衔接得那么好，中间有些等待是必须要忍得住的。我们在没有仓位时可找近期产生讯号的标的，或出场后再用波段中进场讯号进场，只是可能会稍微迟数日或数周才能持有足够的仓位。若是熊市讯号发生时，则应将手中持有较弱的标的于收盘前出场，控制可能产生的风险。

我们从 2022 年 5 月开始来追踪这个网格交易的情况。

五一长假过后，由于上证综指仍处于熊市的偏空头走势中，在 5 月 5 日，即 5 月的第一个交易日，应持续观察是否有符合进场条件的标的，希望能找到 1 只能产生讯号的 ETF，如此就可以使用 30% 的资金（33000 元）建立仓位，以启动网格交易。主观上来看，由于 4 月 26 日 A 股大幅下跌，4 月底在大跌过后的反弹中，许多个股的震荡幅度都变大，而只要波动幅度够大且不是连续性下跌的走势，对网格交易都是有利交易的行情（图 7-18）。

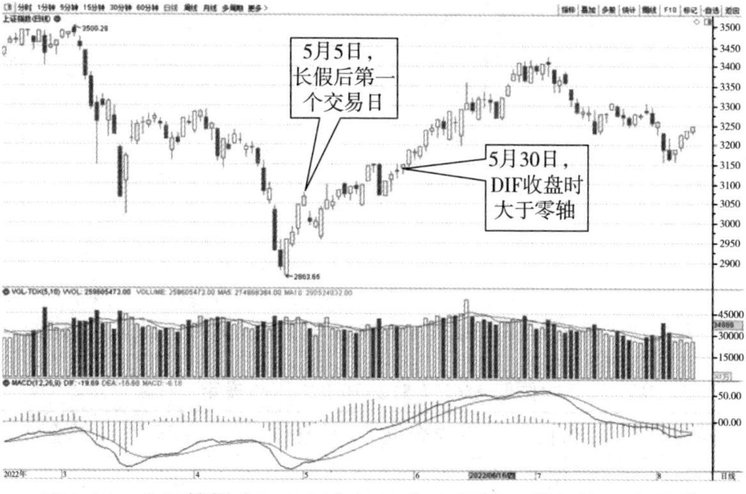

图 7-18　上证综指（000001）2022 年 2 月至 8 月之日 K 走势图

5 月 17 日

2022 年 5 月，虽然许多个股及 ETF 已经开始反弹，但我们股票池中的 10 只 ETF 在五一长假过后的两周都没有出现买入讯号。直到 5 月 17 日，国防 ETF（512670）出现买入信号，在收盘前用 33000 元之 80% 资金以 0.866 元买入国防 ETF30000 股。

图 7-19　国防 ETF（512670）2022 年 2 月至 8 月之日 K 走势图

表 7-3　　　　国防 ETF（512670）之网格设定

网格数	价位	每次仓位	总仓位	金额	总金额
0	1.070	0	0	0	
1	1.053	2500	2500	2632.5	

续表

网格数	价位	每次仓位	总仓位	金额	总金额
2	1.036	2500	5000	2590	
3	1.019	2500	7500	2547.5	
4	1.002	2500	10000	2505	
5	0.985	2500	12500	2462.5	
6	0.968	2500	15000	2420	
7	0.951	2500	17500	2377.5	
8	0.934	2500	20000	2335	
9	0.917	2500	22500	2292.5	
10	0.900	2500	25000	2250	
11	0.883	2500	27500	2207.5	
12	0.866	2500	30000	2165	25980
13	0.849	2500	32500	2122.5	28102.5
14	0.832	2500	35000	2080	30182.5
15	0.815	2500	37500	2037.5	32220

5月18日

持续追踪的ETF中，又有1只ETF即中概互联网ETF（513050）出现了买入讯号（图7-20），但是由于上证综指之DIF仍在零轴之下，故我们在持仓上仅保持30%的仓位，目前手中的持股仍仅有国防ETF。

当日国防ETF波动不大，并未触发任何网格动作。

图 7-20　中概互联网 ETF（513050）2022 年 2 月至 8 月之日 K 走势图

5 月 19 日

持续追踪的 ETF 中，又有 2 只 ETF，即光伏 50ETF（516880）（图 7-21）及新能车 ETF（515700）（图 7-22）出现了 DIF>0 的买入讯号。在上证综指尚未翻多前，已有 4 只 ETF 陆续出现翻多的讯号，看来此次的上涨可能延续性不小。不过由于此时上证综指未翻多，故仍持有 30% 仓位，1 只 ETF。先前进场持有的国防 ETF 则在今日低开时买入了 2500 股，并于盘中反弹时卖出 2500 股，完成了一次网格交易。

图 7-21　光伏 50ETF（516880）2022 年 2 月至 8 月之日 K 走势图

图 7-22　新能车 ETF（515700）2022 年 2 月至 8 月之日 K 走势图

5 月 20 日

持续追踪的 ETF 中，又有 1 只 ETF 出现了进场讯号，科创 50ETF（588000）（图 7-23）。自第一只 ETF 出现做多讯号后，已经连续 3 天出现 ETF 可以进场的讯号，在 10 只追踪的 ETF 中已有 5 只 ETF 出现多头的讯号，这也显示偏多的行情愈来愈明显。但是上证综指目前仍未出现偏多讯号，故我们仍然持有 30% 的持仓水位。而今日国防 ETF 并未出现网格交易机会。

图 7-23 科创 50ETF（588000）2022 年 2 月至 8 月之日 K 走势图

5 月 23 日

今天是周一，已经连续第五天在追踪的 ETF 中出现买入讯号了，煤炭 ETF（512220）（图 7–24）。在 10 只追踪的 ETF 中，这是第 6 只出现买入讯号的，偏多的讯息愈来愈多。但由于上证综指的 DIF 仍在零轴之下，故目前手中仍持有 30% 的仓位，按照交易原则，做好仓位管理。

由于今日国防 ETF 下跌，在网格交易中，买入一格仓位 2500 股，总仓位为 32500 股。

图 7-24 煤炭 ETF（512220）2022 年 2 月至 8 月之日 K 走势图

5 月 24 日

今天没有任何 ETF 产生买入讯号，目前为止仍有酒 ETF（512690）、资源 ETF（510410）、半导体 ETF（512480）及医疗 ETF（512170）尚未产生买入讯号。投资人也可留意一下这些 ETF 转强的顺序，对资金优先流入哪些产业有一些概念。

因为今日国防 ETF 持续下跌，故再度买入一格，目前的持股数达到 35000 股。

5 月 25 日

持续追踪的 ETF 中，资源 ETF 产生了 DIF 向上穿越零轴的买入讯号，目前股票池中已有 7 只 ETF 出现了偏多信号。由于目前上证综指并未产生 DIF>0 的讯号，故在仓位持有上仍需要等待。不过以当前的 ETF 翻多情况来看，我们所追踪的 ETF 表现强于 A 股大盘，这也是一个不错的讯息，说明我们所观察或有兴趣的标的本质没有太差。

国防 ETF 小幅反弹，并未触及网格的卖出价位，故今日网格没有交易。

图 7-25　资源 ETF（512220）2022 年 2 月至 8 月之日 K 走势图

5 月 26 日

没有任何其他 ETF 产生买入讯号及出场讯号。在国防 ETF 网格交易上，由于行情上涨，当日连续卖出 3 格，使持仓降为 27500 股。

5 月 27 日

没有任何其他 ETF 产生买入讯号及出场讯号。在国防 ETF 网格交易上，由于行情下跌，买入 1 格，使持仓为 30000 股，与 5 月 17 日进场时相同仓位。

5 月 30 日

周一，收盘前上证综指（000001）的 DIF 终于向上穿越零轴（图 7–26），我们所定义的牛市开始启动，故今日收盘前可买入资金量 80% 以上之仓位。当日我们的股票池 ETF 之中，酒 ETF（512690）正好 DIF 也向上穿越零轴（图 7–27），故可买入 33000 元之 80% 资金 26400 元，进场价位在 0.787 元。另外我们再买入 1 只 ETF，是离今日最近产生讯号之资源 ETF（510410），价位在 1.085 元（图 7–28）。

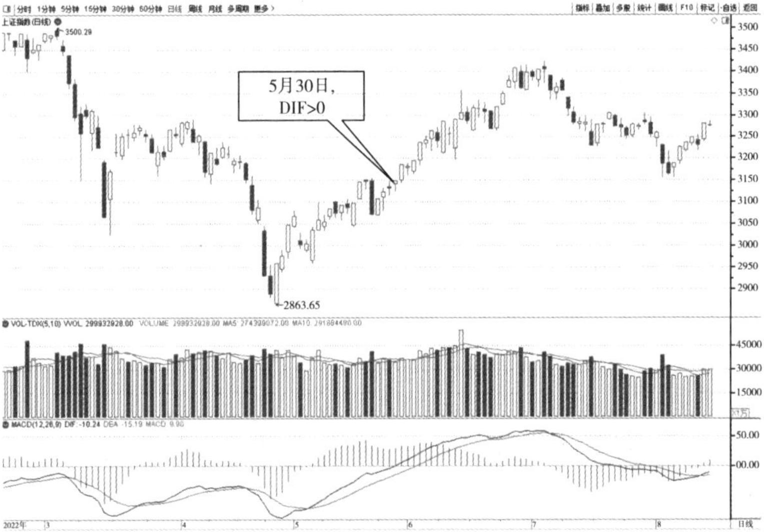

图 7-26　上证综指（000001）2022 年 2 月至 8 月之日 K 走势图

图 7-27　酒 ETF（512690）2022 年 2 月至 8 月之日 K 走势图

图 7-28　资源 ETF（510410）2022 年 2 月至 8 月之日 K 走势图

酒 ETF 之网格设定如下表所示。

表 7-4　酒 ETF（512690）之网格设定

网格数	价位	每次仓位	总仓位	金额	总金额
0	0.979	0	0	0	
1	0.963	2800	2800	2696.4	
2	0.947	2800	5600	2651.6	
3	0.931	2800	8400	2606.8	
4	0.915	2800	11200	2562	
5	0.899	2800	14000	2517.2	
6	0.883	2800	16800	2472.4	
7	0.867	2800	19600	2427.6	
8	0.851	2800	22400	2382.8	
9	0.835	2800	25200	2338	
10	0.819	2800	28000	2293.2	
11	0.803	2800	30800	2248.4	
12	0.787	2800	33600	2203.6	26443.2
13	0.771	2800	36400	2158.8	28602
14	0.755	2800	39200	2114	30716
15	0.739	2800	42000	2069.2	32785.2

可于 5 月 30 日买入 33600 股酒 ETF 的底仓，并于次日启动网格交易，每一格设定为 2800 股，开始低买高卖的交易程序。

同日，另以 1.085 元价位买入的资源 ETF 的网格设定如下。

表 7-5　　资源 ETF（510410）之网格设定

网格数	价位	每次仓位	总仓位	金额	总金额
0	1.349	0	0	0	
1	1.327	2000	2000	2654	
2	1.305	2000	4000	2610	
3	1.283	2000	6000	2566	
4	1.261	2000	8000	2522	
5	1.239	2000	10000	2478	
6	1.217	2000	12000	2434	
7	1.195	2000	14000	2390	
8	1.173	2000	16000	2346	
9	1.151	2000	18000	2302	
10	1.129	2000	20000	2258	
11	1.107	2000	22000	2214	
12	1.085	2000	24000	2170	26040
13	1.063	2000	26000	2126	28166
14	1.041	2000	28000	2082	30248
15	1.019	2000	30000	2038	32286

可于 5 月 30 日买入 24000 股资源 ETF 的底仓，并于次日启动每一格 2000 股的网格交易。从 5 月 31 日起，我们将

有 3 只 ETF 启动了网格交易。

进场动作至此告一段落，接下来交易进入新阶段。

在这个阶段，若是上证综指没有翻空，接下来的动作就比较轻松容易，只要等待 ETF 走势出现出场讯号就及时出场，然后再观察股票池中的 ETF 何时出现新的进场机会，不要再使用“最近出现讯号”来进场，而是使用“波段中进场”或新的进场讯号来进场。我们于 5 月 30 日进场时为了尽快在可能的牛市中持有较多的份额，才使用“最近出现讯号”这种方式。这个阶段应该是赚钱效应最好的阶段，我们可能会将持有的 ETF 卖光，然后换一个新标的，也可能止损换一个新标的，但只要上证综指的 DIF>0，就可以按照进场原则尽量找机会建立 ETF 的网格仓位。

随着时间推移，当我们发现持有的 ETF 开始出现出场讯号，或是我们没有持有的 ETF 陆续出现 DIF 小于零轴之时，可能上涨波段进入了尾声。这时虽然上证综指没有翻空讯号，但我们所观察的 ETF 股票池中，可能已有半数的标的 DIF<0 了，手中的持仓也可能低于 80% 的资金使用量。这时不用着急，若是有行情，或是波段再起之时，那些 DIF<0 的标的 ETF 一定会再给你进场的机会。

若是没有，你可以发现剩下的那些尚未翻空的ETF，也会慢慢出现出场讯号，然后上证综指也会出现DIF小于零轴的情况。这时，若手中仍有1只以上ETF，仅留下最强的1只就好，将资金再控制在30%以下，进入下一个等待牛市的阶段。

千万要记住，网格交易绝对不是万灵丹，在下跌的走势中，使用网格交易仍然会亏钱的。常常有投资人问我："徐老师，我交易为什么赚不到钱？"绝大多数赚不到钱的投资人，不是买不到会涨的股票，而是总是抱住了会亏钱的股票。所以亏钱的重点在于手中有会亏钱的股票而已，而投资人一心只想找会赚钱的标的去赚钱，根本是缘木求鱼，只要有抱住亏钱标的不放手的习惯，无论找到多少飙股，未来也会亏回去。

所有交易都是一样，网格交易也要在该出场时立即结束。当牛市转熊市时，立即减少仓位持有，等待下一次的机会到来。

5月31日至7月8日

这段时间，手中持有的3只ETF并未出现出场讯号，让我们在这一个多月的时间内，不但赚到了网格交易的收益，也赚到了一些持仓收益。不过让人略感遗憾的是，在这波行情中，我们并没有持有这一段最强势的新能车 ETF（515700）及光伏 50ETF（516880），因为它们出现讯号的时间点刚好避开了我们进场逻辑的时间点。很多时候，交易总是会留下遗憾。

7 月 11 日

酒 ETF 出现了标的波段收盘价创新高后的 4 日内新低价出场讯号（图 7-29），故于收盘前将酒 ETF 全数出清，等待下一个进场机会。不过接下来的数周，在上证综指

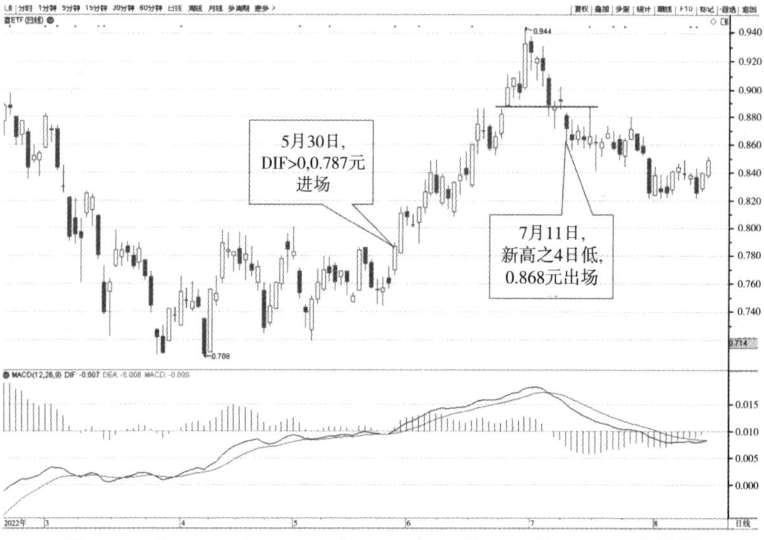

图 7-29　酒 ETF（512690）2022 年 2 月至 8 月之日 K 走势图

（000001）的 DIF 向下穿越零轴之前，均未能在股票池中找到发出进场讯号的 ETF。市场在这段时间表现不够强势，也或许是我们股票池中的标的不够强势。

我们持有的酒 ETF，从 2022 年 5 月 30 日以 0.787 元进场，到 7 月 11 日以 0.868 元出场。在这 41 天中，网格交易每一网格为 0.016 元，每次 2800 股，总计卖出 15 次，买入 9 次，最后出场前剩 19600 股，故网格收益为：

0.016 元 ×2800（股）×15（次）=672 元

持仓收益，根据第三章的计算方式，持仓收益为阶梯式改变：

参考表 7–4，我们在第 12 格建立仓位，故涨至第 7 格，之后剩下之 16800 股再涨了 0.001 元出场：

11+10+9+8+7=45（格）（持仓损益获利之格数）

45×0.016×2800（股）=2016 元

16800 股 ×0.001=16.8 元

672+2016+16.8=2704.8 元

故此次酒 ETF 网格交易，总计获利 2704.8 元，以投入 33000 元之资金计算 41 天报酬率接近 8.2%。

图 7-30　酒 ETF（512690）2022 年 5 月至 7 月 60 分 K 之网格成交图

7 月 12 日至 7 月 14 日

这三天仅有国防 ETF 及资源 ETF 在持续持有中，虽然上证综指（000001）之 DIF 仍在零轴之上，但股票池中的标的 ETF 没有出现进场讯号，故让手中仓位及现金持续持有。

7 月 15 日

资源 ETF 跌破了波段收盘创新高前 4 日内的最低点，故止损出场。若以图形来看，这次的止损有点失常，出场时间稍晚。因为在 6 月 10 日出现了较长的下影线，当时不知是好是坏，6月下旬的反弹却让我们当时心中还想着，还好没有止损出场，但到7月15日的跌破让此交易出场在最低点。交易上常常会发生不如人意之事，这次算是其中之一吧。

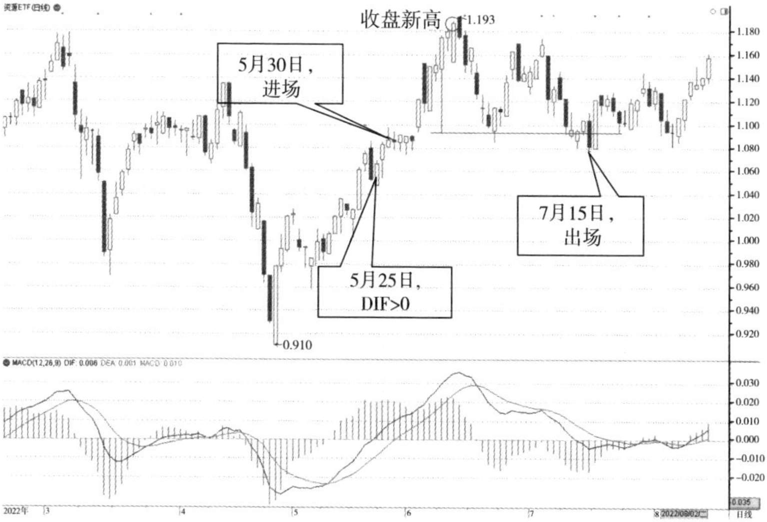

图 7-31　资源 ETF（510410）2022 年 2 月至 8 月之日 K 走势图

资源 ETF，从 2022 年 5 月 30 日以 1.085 元进场，到 7 月 15 日以 1.081 元出场。在这 45 天之中，网格交易每一网格为 0.022 元，每次 2000 股，总计卖出 13 次，但有一次为跳 2 格之卖出（见图 7-32），故计 14 次卖出；买入 12 次，最后出场前又回到进场价位附近，持有 24000 股。网格收益为：

0.022 元 ×2000（股）×14（次）=616 元

在持仓收益方面，由于我们的持股完全没有改变，出场价位在进场价位附近，故

（1.081 元 -1.085 元）×24000=-96 元

616+（-96）=520 元

故此次资源 ETF 网格交易，总计获利 520 元，45 天，以预计投入资金 33000 元计算之报酬率为 1.58%。

在出场价比进场价低时，仍能取得正报酬，算是网格交易的有利之处。

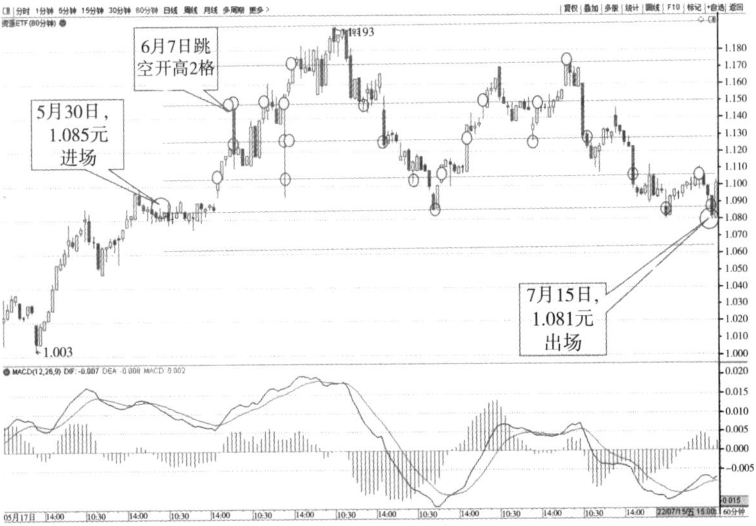

图 7-32　资源 ETF（510410）2022 年 5 月至 7 月 15 日 60 分 K 之网格成交图

7 月 15 至 7 月 19 日

手中仅持有国防 ETF，虽然上证综指（000001）仍在牛市指标中，但这几日仍苦无进场机会。

7 月 20 日

股票池中的科创 50ETF 的 DIF 在前日跌破零轴后突然向上穿越零轴，在当日迎来了一个进场机会（图 7–33）。故于收盘前以 1.128 元价位投入 33000 元之 80% 即 26400 元买入约 23400 股科创 50ETF，并于收盘后计算真实应买入的股数后，在次日将股数调整至 22800 股（见表 7–6）。

图 7-33　科创 50ETF（588000）2022 年 2 月至 8 月之日 K 走势图

表 7-6　　科创 50ETF（588000）之网格设定

网格数	价位	每次仓位	总仓位	金额	总金额
0	1.404	0	0	0	
1	1.381	1900	1900	2623.9	
2	1.358	1900	3800	2580.2	
3	1.335	1900	5700	2536.5	
4	1312	1900	7600	2492.8	
5	1.289	1900	9500	2449.1	
6	1.266	1900	11400	2405.4	
7	1.243	1900	13300	2361.7	
8	1.220	1900	15200	2318	
9	1.197	1900	17100	2274.3	
10	1.174	1900	19000	2230.6	
11	1.151	1900	20900	2186.9	
12	1.128	1900	22800	2143.2	25718.4
13	1.105	1900	24700	2099.5	27817.9
14	1.082	1900	26600	2055.8	29873.7
15	1.059	2000	28600	2118	31991.7

7 月 21 日

上证综指（000001）之 DIF 跌破零轴（图 7-34），根据交易规则，投资者应该将手中仓位降低至30%以下。目前手中仅有国防ETF及科创50ETF两只ETF，由于目前国防ETF持有已久，加上走势已在高档震荡3周，而科创50ETF前一交易日才进场交易，故顺势将手中持股做个替换。

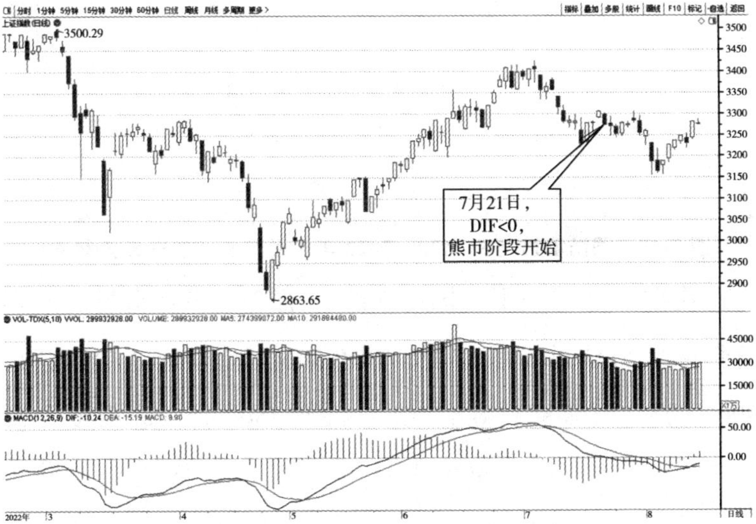

图7-34　上证综指（000001）2022年2月至8月之日K走势图

国防ETF自2022年5月17日进场后，迄今已持有2个月，虽然该ETF并未出现出场讯号，但仓位调整原则下，我们在7月21日收盘前将仓位出清。

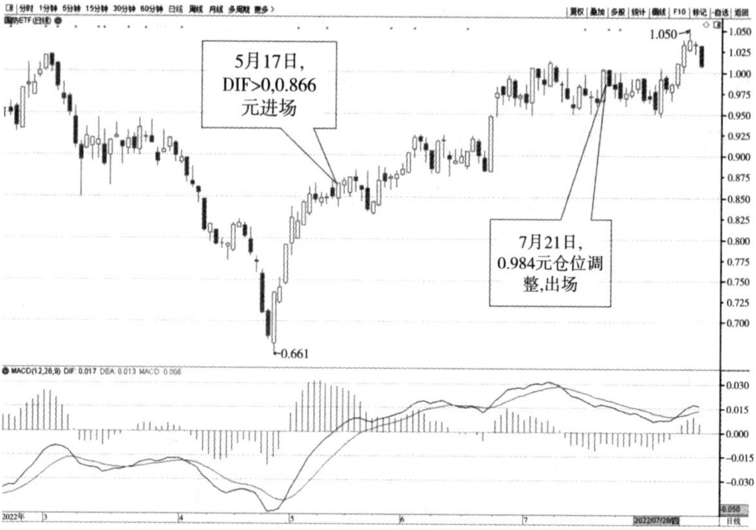

图 7-35　国防 ETF（512670）2022 年 2 月至 8 月之日 K 走势图

我们来计算一下，国防 ETF 持有 2 个多月出场后的损益情况。2022 月 5 月 17 日，以 0.866 元价位建立初始仓位 30000 股，以每网格 0.017 元，每次 2500 股，进出场一次 42.5 元（0.017 元 ×2500 股 =42.5 元）进行低买高卖网格交易。至 7 月 21 日出场，网格交易总计卖出 33 次，加上 6 月 24 日一次跳空开高 2 格，故获利了结的卖出总计 34 次，网格交易买入 25 次。7 月 21 日以持仓 12500 股以 0.984 元出场。

在网格损益方面：

0.017 元 ×2500（股）×34（次）=1445 元

在持仓获利方面：

参考表 7–3，我们在第 12 格建立仓位，故涨至第 5 格，之后剩下之 12500 股再跌了 0.001 元出场：

11+10+9+8+7+6+5=56（格）（持仓损益获利之格数）

56（格）×0.017 元 ×2500（股）=2380 元

–0.001 元 ×12500 股 =–12.5 元

故本次网格交易总计获利

1445 元 +2380 元 –12.5 元 =3812.5 元

以 33000 元仓位计算，交易这 2 个月之网格交易总计获利 3812.5 元，报酬率为 11.55%。

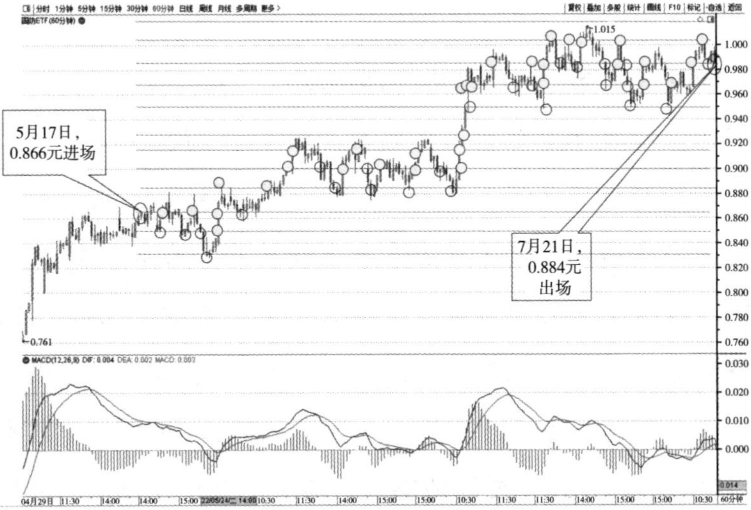

图 7-36　国防 ETF（512670）2022 年 5 月至 17 日月 21 日 60 分 K 之网格成交图

交易至7月21日为止，我们手中仅持有1只科创50ETF，这两个月上证综指之DIF由低于零轴向上穿越零轴，又在7月21日向下穿越零轴，正好完成一个小波段牛市周期。我们计算这段期间的交易情况：

酒ETF（512690）获利2704.8元

资源ETF（510410）获利520元

国防ETF（512670）获利3812.5元

总计获利7037.3元

以100000元本金来看，报酬率（非年化）为7.0373%。

从手中没有仓位，在熊市中等待股票池中的标的ETF出现进场讯号，到判断市场进入牛市后，将手中持股量拉高保有权益资产，再到市场回落进入定义中的熊市，将手中仓位换成现金持有，仅持有30%以下的仓位。这一整个交易的流程及进出场方式和层次并不复杂，就算不使用网格交易，仅仅单纯去交易ETF也可以获得不错的报酬，因为交易的原理都是相同的。如果着手做ETF的网格交易，千万别心急，若是在熊市中，就静静地等待讯号出现；若现在已经是牛市了，讯号之前已经出现过，就不要急着进场了，只要行情够强，那一定会有波段中的进场机会，若是行情不够强，牛市中也会有 DIF 再次向上穿越零轴的进场机会。另外，交易中最重要的就是出场。不管是标的止损还是因为基准指数调整转弱，投资人能不能心甘情愿出场是最关键的。如果做得到，交易就向前迈了一大步。

本章问题

1. 养殖 ETF（159865），若使用创新高后 4 日止损，会在什么价位出场？

2. 若使用波段中再进场，请问下图在什么时候进场？

3. 若小青手中有35000元，想买入消费ETF（159928），目前价格是1.074元。小青当日收盘前应该买入多少元（股）来建立网格的起始仓位？第二天涨到多少时该卖出多少股？

第八章

回测与绩效

一个没有正期望报酬的交易方式，

无论是调整仓位大小还是改变交易频率，都没有太大的用处。

回顾当时所做的一些回测及想法，或许能帮一些投资人激发思路，也可能帮投资人少走一些弯路。

是不是当时在做网格交易法时，想找一个最好的设定，将参数都调整好了，然后能自动赚到钱？我当时就是这么想的，但是用了很多方法，都一直无法找到一个好的设定，不断地重复着这样的情况？当时完全没有意识到，现在设定的网格交易的参数，如果能配合“未来”的走势，那么交易的报酬率一定会比较好，但却不断想挣扎着找到一组可以一直永远都能赚钱的网格参数让人一劳永逸地躺赚，很完美的想法，但却与现实情况不符。

最初的想法

当时的第一个想法是，网格交易不应该预测行情，因为行情的价格波动是随机性的，无论如何预测都没有用。如果可以预测行情的话，理论上使用任何方向性交易方法的绩效都比使用网格交易法要好，获利性也更佳。

当初觉得网格交易法就跟扔一枚公平的硬币下注一样，正面与反面的概率是一样的，就跟行情一样，上涨与往下跌的概率都是50%。那么透过下注的频率与下注的大小是否可以使得报酬获得改善？答案是很残酷的，在没有一个正期望报酬的投资中，透过任何资金管理的方式，都是同时放大了风险与报酬，无法让该项投资转亏为盈。我们根据沪深300ETF（510300）过去的真实行情走势，在不做任何行情预测下，做了数百次的回测。不论使用不同的网格大小，还是使用不同的上下限价格的区间在不同的时间阶段，报酬率都不如人意，也发现了一些不用回测也可以得到的结论：

①网格的超额收益取决于价格运行在区间内价格波动的次数，价格波动的越频繁，网格增厚收益的效果越强。所以网格的上下限区间的设定准确与否，决定了能否获利的因素，同时标的ETF的波动越大愈好。

②在固定时间长度下，网格上下限价格的设定合理，在不考虑交易成本的前提下，沪深300ETF（510300）网格格子间距愈小愈好（0.25%>0.5%>1%>2%）。

③网格的最终收益，取决于区间内价格终点相对于价格起点的位置。ETF价格终点低于起点，整体收益偏向下行；ETF价格终点高于起点，整体收益偏向上行。所以网格交易

是一个路径依赖很强的交易模式，在持仓过程没有正报酬，收益很容易被拉低，持仓过程中是正报酬，收益比较好。行情的涨跌方向影响了网格的报酬。

④上下限价格设定太宽，资金使用效率太差，收益严重降低；上下限价格设定太窄，标的 ETF 容易涨出网格上限价格，仓位卖完小赚。一旦跌破网格下限价格，仓位损失较大。

这些结论大多数不需要回测也知道结果的，只是数字呈现出来时让人更加清醒。赚钱真的没有想象中容易，不断改变网格参数的回测，受到标的走势的影响太大，时间拉长来看，绩效比长期持有 ETF 绩效更差。

持续改进

网格交易的报酬受标的资产走势影响很大这点是无可避免的。做网格交易要不然就找一些适合的标的；要不然要用某些方法“预测”标的资产的走势，然后设某一组适合的网格参数；要不然就对标的资产设限制，适合时间再投入网格交易。

交易中最重要的美德是什么？答案是止损。多数人无法赚到钱是因为持有亏钱的仓位，而非选不到会赚钱的股票。只要行情是对的，网格交易和其他交易一样可以赚钱。本以为网格交易可以跳脱人性弱点的束缚，但到头来仍需要纪律来维持。

由于止损的执行，在做网格交易时就不需要开始时仅投入 50% 的资金，要剩下的 50% 资金用来承接行情下跌时的仓位。下跌后将要执行止损，将仓位全部出场，不用太多资金备用，这也意味着网格交易的资金使用效率可大幅提升，而止损后我们也不立即进场，等到次月再重新入场。

设定止损的回测条件如下（2015 年 1 月至 2021 年 9 月 31 日，1 分钟 K 测试）：

①止损后不立即进场，每个月第一个交易日开盘后无条件再重新进场，建立仓位。例如 2022 年的 5 月 5 日为 5 月的第一个交易日，2022 年的 6 月 1 日星期三为第一个交易日。

②网格建立以每网格为 1%，向上 8 格，向下 3 格。因为上涨 8% 可覆盖 80% 以上沪深 300ETF（510300）每个月的涨幅，向下 3% 是因为仓位下方已有止损，故做此网格设计（表 8–1）。

③月初进场，根据上宽下窄的网格设定，进场以第 8 格网格之网格位置建立仓位，即投入 66.7% 资金买入建立网格起始仓位。

④若无触发止损，当月最后一个交易日全部出场，下个月再重以开盘价新设定 11 格网格交易。

⑤进场后以 3%、5% 及 7% 止损分别测试报酬。

表 8-1　　沪深 300 回测之网格设定（使用资金 40000 元）

网格数	价位	每次仓位	总仓位	金额	总金额
0	4.331	0	0	0	
1	4.289	900	900	3860	
2	4.246	900	1800	3821	
3	4.204	900	2700	3784	
4	4.162	900	3600	3746	
5	4.121	900	4500	3709	
6	4.080	900	5400	3672	
7	4.040	900	6300	3636	
8	4	900	7200	3600	28800
9	3.960	900	8100	3564	32364
10	3.920	900	9000	3528	35892
11	3.881	900	9900	3493	39385

以进场后下跌 3% 止损、5% 止损及 7% 止损之报酬如表 8-2 所示：

表 8-2　沪深 300ETF（510300）设定止损之网格交易绩效（沪深 300 报酬 33.5%）

	总收益	最大回撤	年化收益	夏普	止损方式
1	27.40%	9.39%	4.06%	0.67	下跌 3% 止损
2	33.59%	13.53%	4.98%	0.64	下跌 5% 止损
3	32.81%	15.31%	4.87%	0.54	下跌 7% 止损

由于同期间沪深 300ETF（510300）报酬率为 33.65%，与设定止损的网格交易绩效相差不远。但这样的数据仍不够吸引力，除了证明加上止损的网格交易之绩效比不加止损的绩效稳定之外，年化接近 5% 的报酬率却不够吸引投入网格交易。

由（图 8-1、图 8-2）可以看出使用网格交易法之报酬变化与直接持有沪深 300ETF（510300）之差别所在：其实以 5% 与 3% 止损之网格交易这 6.75 年的获利报酬，加上风险考量后差距并不大，但与直接持有沪深 300ETF 的差别却不小，主要是在下跌时，网格交易法有设定止损，故每次大跌的损失有限，但也由于网格交易法的原因，在标的资产上涨之际，获利速度也较慢，说明设止损之后的网格交易确实是一个降低持有资产风险的良好交易模式。

期初资金	总资产	累计盈亏	累计收益率	基准收益率（沪深 300）	年化收益率	最大回撤	夏普比率
40000	50958	10958	27.40%	33.65%	4.06%	9.39%	0.67

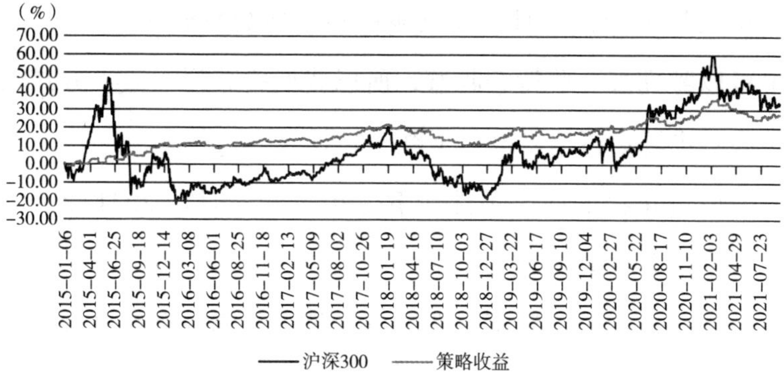

图 8-1　2015 年至 2021 年 9 月，网格交易法 3% 止损之回测结果

期初资金	总资产	累计盈亏	累计收益率	基准收益率（沪深 300）	年化收益率	最大回撤	夏普比率
40000	53435	13425	33.59%	33.65%	4.98%	13.53%	0.64

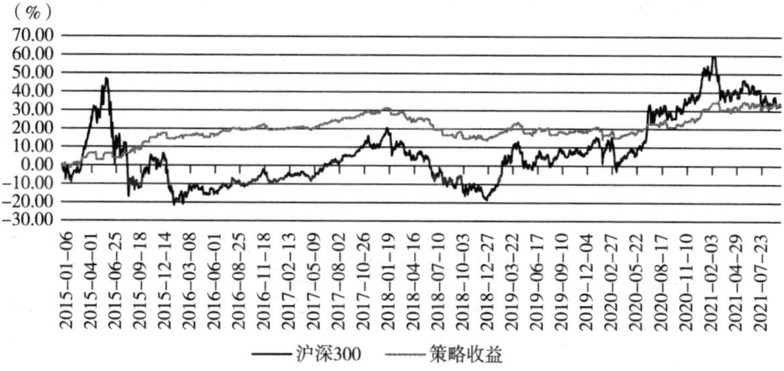

图 8-2　2015 年至 2021 年 9 月，网格交易法 5% 止损之回测结果

再持续改进

由于网格交易有一个特性，若是能在相对网格的高点将仓位全数出场，这时不仅仅能赚到网格交易低买高卖的钱，也可以赚到多一些持仓收益，所以我们将止损（盈）方式调整为：进场后行情由高点下跌 2% 即出场的方式。

设定止损的回测条件如下（2015 年 1 月至 2021 年 9 月 31 日，1 分钟 K 测试）：

①止损（盈）后不立即进场，每个月第一个交易日开盘后无条件再重新进场，建立仓位。例如 2022 年的 5 月 5 日为 5 月的第一个交易日，2022 年的 6 月 1 日星期三为第一个交易日。

②网格建立以每网格 1%，向上 8 格，向下 2 格。因为上涨 8% 已经可覆盖 80% 以上沪深 300ETF（510300）每个月的涨幅，向下 2% 是因为仓位下方已有止损，故作此网格设计（表 8–3）。

表 8-3　　沪深 300 回测之网格设定（使用资金 40000 元）

网格数	价位	每次仓位	总仓位	金额	总金额
0	4.331	0	0	0	
1	4.289	1000	1000	4289	
2	4.246	1000	2000	4246	
3	4.204	1000	3000	4204	
4	4.162	1000	4000	4162	
5	4.121	1000	5000	4121	
6	4.080	1000	6000	4080	
7	4.040	1000	7000	4040	

续表

网格数	价位	每次仓位	总仓位	金额	总金额
8	4	1000	8000	4000	32000
9	3.960	1000	9000	3960	35960
10	3.920	1000	10000	3920	39880

③月初进场，根据上宽下窄的网格设定，进场以第 8 格网格之网格位置建立仓位，即投入 80% 资金买入建立网格起始仓位。

④若无触发止损，当月最后一个交易日全部出场，下个月再重以开盘价新设定 10 格网格交易。

⑤进场后以 1%、2% 止损分别测试报酬。

用这样的方式止盈止损，从表 8-3 中可以发现，我们起始进场建立网格的资金可以更大，从先前的 66.67% 的资金上升至 80% 的资金。但是由于止损（盈）方式的设定，使得行情不论何时只要一回档 2%，我们将立即出场，除非那个月沪深 300ETF（510300）连 2% 的回档都没有，否则一定会遇到止损（盈），这样也使得我们出场的机会大大的增加，也使我们在大多数的时间都没有在市场中交易网格，但其报酬率却没有较先前的方式少。

回测的结果显示，其实报酬率与先前的网格交易相差无几，但净值最大回撤却降低至不可思议的地步。这种特别保守的交易方式，平均每个月的报酬不到0.5%，由于不可能每个月都赚钱，靠着每个月的赚大赔小，6.75年也累积了不亚于单纯持有指数的报酬率，但这6.75年来的最大回撤却没超过5%，交易确实风险较低。

我们可想象一下，比对先前仅设定下档止损的网格交易方式，使用一回档2%立即出场的方式，不仅持仓时间短，而较小的回撤也表示了更小的风险，所以当我们使用杠杆来做网格交易，即利用信用交易将杠杆放大两倍，就算我们的最大回撤由4.69%变成9.38%，我们的获利也可以由34.83%增加至69.66%，这样的报酬率与前一个固定止损法相比，却是改善了许多。仅仅只是需要止损，就能让网格交易绩效变好。

表8-4　沪深300ETF（510300）设定高点回落止损之网格交易绩效（沪深300ETF报酬33.5%）

	总收益	最大回撤	年化收益	夏普	止损方式
1	34.83%	4.69%	5.17%	1.08	最高点移动止损2%
2	33.74%	3.49%	4.86%	1.26	最高点移动止损1%

投资组合的回测

在做网格交易时，不会仅仅针对单一标的ETF来交易，如此在单一标的没有行情下，或走势波动不如预期时，投资人在很长的一段时间内报酬绩效会明显的不佳。一方面手中资金会闲置，另一方面也可能遭受个别标的消息影响使风险更高，所以透过多个标的 ETF 的网格交易，能让资金能有效运用，也让风险能适当降低。

为了投资的操作方便，我们采用比较简单的方式，用日线级别 MACD 之 DIF 向上穿越零轴当成买入讯号，MACD 之 DIF 向下穿越当成出场讯号（图 8-3），如此便完成单个网格交易的交易周期，其间不需任何止损也无任何其他动作。

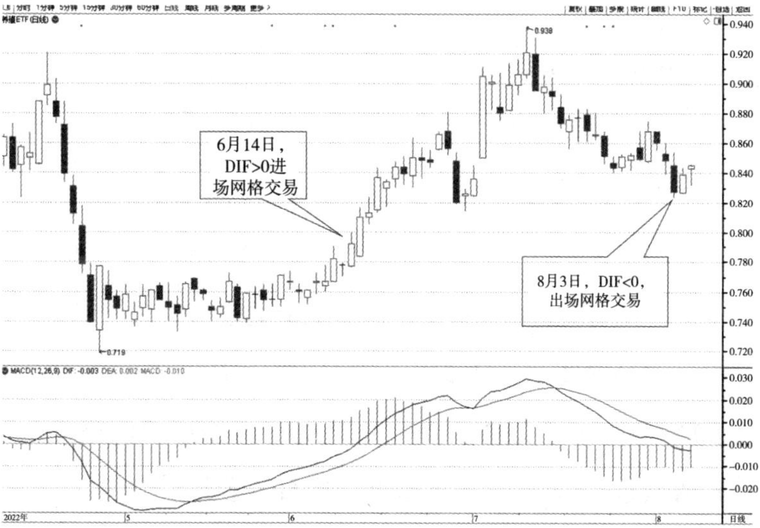

图 8-3 养殖 ETF（159865）2022 年 4 月至 8 月之日 K 走势图

但是我们却需要在众多标的 ETF 中挑选进场的 ETF。方式与前一章所说的方法一样，在交易前也要先建立一个

ETF 的股票池，然后等待池内的标的 ETF 产生 DIF>0 之讯号就买入，DIF<0 时就卖出。然后等待池中下一个标的产生讯号，若没有产生入场讯号则继续等待。假设股票池之 ETF 仅有 10 只 ETF，内容如（表 8–5）。

表 8-5 股票池中可回测之 ETF 及代码

1. 半导体 ETF（512480）
2. 酒 ETF（512690）
3. 医疗 ETF（512170）
4. 煤炭 ETF（515220）
5. 资源 ETF（510410）
6. 科创 50ETF（588000）
7. 光伏 ETF（516880）
8. 中概互联网 ETF（513050）
9. 新能 ETF（515700）
10. 国防 ETF（512670）

我们将手中资金分成 3 等份，每天收盘前查看股票池中之任一只 ETF 当日之 MACD 的 DIF>0 是否发生。若发现当日收盘前某 ETF 的 DIF 向上穿越零轴，即用手中资金之 1/3 之 80% 建立网格交易进场，并于次日开始启动网格交易。每日收盘前做相同的动作即可。次日，若第二只 ETF 再度出现 DIF>0 讯号时，再用 1/3 资金的 80% 建立网格交易，以此类推。但是若同一天 2 只 ETF 出现 DIF>0 之买入讯号，但手中却仅有一份交易资金时，就选择 3 个月内高低点相差

较大之 ETF 进场。而整个交易流程如下图 8–4 所示：

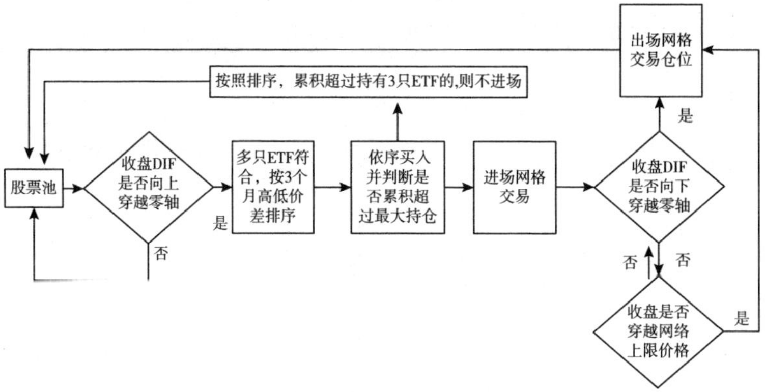

图 8-4　使用投资组合网格交易流程

在此投资组合的网格交易中，为了能简单、快速地设立并使用网格交易，其每次进场的网格交易设定，均采用固定的网格设定。即①上限价格为入场价格之 124%，下限价格为入场价格之 94%。②每一网格的大小为 2%。③总网格数为 15 格，每 1 格为 2%，故此网格在进场后将涵盖 30% 的网格空间。④若上涨超过网格上限则停止网格交易。⑤进场价格为网格设定表中之第 12 格，故使用 80% 的资金进场买入之仓位可以涵盖此网格之仓位，而剩下 20% 资金可足够下跌承接下面 3 格之资金使用。

假设投资者有 10 万元资金，从 2019 年 7 月 30 日至 2022 年 7 月 30 日，3 年时间按此方法进出场，其回测报酬如下图 8–5 所示：

期初资金	总资产	累计盈亏	累计收益率	基准收益率（沪深 300）	年化收益率	最大回撤	夏普比率
100000	159705	59705	59.70%	13.43%	20.28%	8.72%	2.12

图 8-5　网格交易 ETF 组合回测自 2019 年 7 月 30 日至 2022 年 7 月 30 日之报酬

用此方法交易 ETF 网格，3 年收益可达 5.9 万多元，报酬率为 59.7%，最大回撤为 8.27% 相较于其他单一品种或任何网格大小的效果都好。我们用传统交易股票的方法来交易网格 ETF，但是眼尖的投资朋友应该也可以发现，这个方式与第七章的范例十分相似，只是更简单。进场与出场使用了同一个方式，也没有使用基准指数来决定牛市或熊市时要使用多少资金来建立仓位。在考量上，当然一方面是为了在回测与编写程序时的方便性，另一方面由于 ETF 本身就自带着指数的性质，在熊市中不易产生买入讯号，而且指数本身波动性就低，损失相对有限。

若是投资朋友使用网格交易时，不想使用 ETF 而要用个股时，或者自行设定的股票池非常庞大，那在做这类型交易时，强烈建议一定要使用基准指数来当成仓位建立水平的指标。否则就算在熊市时，也很容易满仓建立网格，这时可能将不断遭遇止损，而止损后又不断建立新仓位，使得在牛市赚到的钱又多数在熊市亏回去，这会使赚钱的效应变差，也使累积资产的速度变慢。

经过本书这一轮的说明后，是否对网格交易更加清楚了呢？本书虽然没有提出完美的网格交易的方法，但也对网格交易方法指出了一些方向，已可以获利。这也是抛砖引玉，让投资者在此阶段上看得更远，即使对此书之看法完全不同意，也可以少走些弯路，另找更好的方式。

最后再说一次，所有的交易，包括网格交易在内，能赚钱都是不持有亏钱的仓位。就算网格交易中，已亏钱的仓位仍在用网格在低买高卖持续赚钱中，也无法扭转整体仓位损失的困境，这就是交易。

本章问题

1. 若使用沪深300ETF（510300）来做网格，使用月初进场后高点回落2%即出场，6月份进场后，会在哪一个价位出场呢？请标示出来。

2. 请使用MACD之DIF进出场方式，标示出食品ETF（515710）图中进出场位置。

参考答案

第一章

1. 使用香农半仓法，在什么时候报酬会比标的ETF好？长期来看，收益会比长期持有好吗？

答：由于持有的仓位总是与现金有1∶1的比率，上涨时香农半仓位的报酬比不过标的资产的上涨速度，下跌时却损失较少，故使用此香侬半仓法时，报酬仅在有在ETF走势较弱时比较好。

长期来看，若标的资产价格长期向上，香农半仓法的收益不会比长期持有策略好；但若标的资产价格是长期水平上下震荡或区间向下震荡走势，则香农半仓法之收益较好，震荡幅度愈大愈好。

2. 试着看下面个股的走势图，若以2%为一网格，试着标出过去一段走势中您的进出场点。

答：每上涨2%则出场部分仓位，下跌则买入部分仓位。在下跌趋势中无法避免买进次数较多，在上涨趋势中卖出次数较多。

第二章

1. 网格交易法的五个要素是什么？我是否已经熟知了？

答：略，此五要素请参考本书中之内容。

2. 根据网格的五要素，现在想象一下自己，现在有30000元，你强烈判断ETF未来的3个月一定在区间1.05元~1.3元之间，而且观察到平均每天高低点大约2%左右，您是否可以画出一个网格表，并决定好每一格每次要买进或卖出多少股？

答：因为1.05元是在网格的最底部最低的价格，以2%以上计算，总计向上涨18次可以达到1.3元，将全部的仓位出清；或者由1.3元往下每2%一格，18次将达到1.05将所有仓位买满，故读者可以在Excel表格中画出一个19格（含全部出清）的网格。

由于买进仓位到1.05元时为30000元，以最小买入单位100股计算，用固定仓位法计算出每次1500股，总仓位27000股时资金仍然够用，网格表如下所示：

格数	价位	每格仓位	总仓位	单笔资金	总金额
0	1.500	0	0	0	0
1	1.470	1500	1500	2205	2205
2	1.441	1500	3000	2162	4324

续表

格数	价位	每格仓位	总仓位	单笔资金	总金额
3	1.413	1500	4500	2120	6359
4	1.385	1500	6000	2078	8313
5	1.358	1500	7500	2037	10187
6	1.332	1500	9000	1997	11985
7	1.306	1500	10500	1958	13708
8	1.280	1500	12000	1920	15359
9	1.255	1 500	13500	1882	16940
10	1.230	1500	15000	1845	18454
11	1.206	1500	16500	1809	19901
12	1.182	1500	18000	1774	21284
13	1.159	1500	19500	1739	22606
14	1.137	1500	21000	1705	23868
15	1.114	1500	22500	1671	25071
16	1.092	1500	24000	1639	26218
17	1.071	1500	25500	1607	27311
18	1.050	1500	27000	1575	28350

3. 网格交易法一定会赚钱吗？为什么？

答：网格交易法不一定会赚钱。因为在做网格交易法时，若是持有的标的资产只有下跌而没有上涨，或是我们在计算网格交易的总损益时，当时标的资产的价格是偏低的，这时我们的持仓损益只要比网格低买高卖所产生的利润少，就会是亏钱的。所以网格交易法要赚钱，一定要当时的标的资产价格比建立网格时成本高，或网格所产生的利润能覆盖持仓的损失，网格交易法总体才会是赚钱的。若单纯只有指低买高卖的双向成交部分，那一定是赚钱的。

4. 做网格交易时，什么错误一定不能犯？我知道了吗？写下来当你真正进行网格交易时，看看自己是否犯了这样的错误。

答：略

第三章

1. 小青 2022 年 6 月 30 日买进光伏 ETF（516880）10000 股，于 8 月 15 日 1.461 元全部出场。其间做网格，每格 0.02 元，每次 1000 股。其间卖出 33 次，买入 26 次，其交易如下图所示（略），请问小青网格获利多少元？持仓获利多少元？（省略不计交易费用）

答：先计算网格交易的损益部分，由于每一次是 1000 股，一次是 0.02 元。

1000 × 0.02=20 元

20 元 × 33 次 =660 元

再计算持仓损益的部分

由于每一次成交之网格为进场价 1.340 多 0.02 元，故出场价格分别为：

格数	价位	每格仓位
0	1.540	0
1	1.520	1000
2	1.500	1000
3	1.480	1000
4	1.460	1000
5	1.440	1000
6	1.420	1000
7	1.400	1000
8	1.380	1000
9	1.360	1000
10	1.340	1000

但是最后全部的出场价格为 1.461 元，比第四格的价格多 0.001 元。

9000 × 0.02+8000 × 0.02+7000 × 0.02+6000 × 0.02+5000 × 0.02+4000 × 0.02+3000 × 0.001=39000 × 0.02+3=783 元

总获利为：783+660=1443 元

第四章

使用交易 ETF 网格的好处是什么?

答: ETF 交易好处有（1）交易成本低;（2）分散投资;（3）透明度高;（4）流动性好;（5）无退市风险。

其实使用 ETF 交易网格最大的好处还是在大多数的国家及地区，宽基指数 ETF 多数是长期向上的。我们做网格交易仍是需要长期向上的标的物，且该标的物应是安全性高并无退市风险。除此之外，因为 ETF 是许多个股所组成的，所以上涨或下跌时，不像个股那么直接，多数是震荡向上或向下，波动率不像个股那么大，不会很快地突破网格的上下限价格，在网格交易上还是可以多薅一些羊毛的。

另外, ETF 也适合做定投来存股，当存股到某个阶段时，使用网格交易来获利了结也是常常会使用的手法，所以网格加定存 ETF 通常可以得到长期不错的收益。

第五章

1.2022 年 6 月 2 日，小青观察科创 50ETF（588000）的走势，判断未来 2 个月可能在 1.033 及 1.30 元之间波动。若小青要做 1 个 15 格的网格，请问她该如何设置网格呢？请将网格设定以 EXCEL 计算出来。

答：由于上限是 1.30 元，下限是 1.033 元，故其上下限总计是 0.267 元，以 15 格的网格交易来看，每一格的交易是 0.0178 元。所以小青的 15 格网格，每 1 格大约是 1.72%。

其网格的设定如下：

格数	价位
0	1.300
1	1.282
2	1.264
3	1.247
4	1.229
5	1.211
6	1.193
7	1.175
8	1.158
9	1.140
10	1.122
11	1.104
12	1.086
13	1.069
14	1.051
15	1.033

2. 做网格交易是否要止损出场？请思考一下，止损出场与我们继续做下去的差别在什么地方？

做网格交易能够获利的要点是，我们结束网格交易的时候，全部仓位出场的价格比建立网格交易的价格高，或是网格交易的获利能够弥补持仓损失。

在交易的过程中，若是遇到不好的走势，其实网格收益能够弥补的持仓损失其实没有想象中多，可能一个月最多才1%~3% 的收益。但是标的 ETF 每次持续性的下跌可能远远超过这个数字，靠着时间来来回回地买卖，需要的时间比我们想象中要多。更何况跌破网格下限时，若无多余的资金去做仓位的调整，所需花费的精力其实是更大，不如止损出场再等待机会建立网格，或者找另一个新的标的。

有心想在网格交易上多花心力的投资人可以耐心比较一下真实情况的差别。

第六章

1. 小青因为定存沪深 300ETF，一直每个月持续的定存已经有 100000 股了，目前的成本为 4.5 元。她想获利 20% 后使用网格将手中 ETF 仓位开始做网格，涨过上限就出清，请问要如何设计网格交易呢？（格数、上下限价格自行设定）

答：小青目前沪深 300ETF 的成本在 4.5 元，故获利 20% 的价格为 5.4 元，故应该在 5.4 元以上分批卖出手中的 100000 股的沪深 300ETF。

假定在 5.4 元以上，每上涨 2% 就卖出 10000 股，卖 10 次就出清。其网格设定如下：

网格数	价位	每次仓位
1	6.453	10000
2	6.327	10000
3	6.203	10000
4	6.081	10000
5	5.962	10000
6	5.845	10000
7	5.731	10000
8	5.618	10000
9	5.508	10000
10	5.4	10000

小青可以在 5.4 元开始卖出 10000 股，5.508 元再度卖出 10000 股，以此类推。由于小青原本已经有沪深 300ETF 的持股了，故就算在网格中再买回来，资金也是足够的，只要未来 300ETF 价格涨过 6.453 元时，可将手中持股全数出清，若价格在 6.453 至 5.4 元之间，则执行正常的网格交易，若在 5.4 元之下，则不会有任何的动作。

2. 小青因为定存沪深 300ETF，一直每个月持续的定存已经有 100000 股了，成本为 4.5 元。沪深 300ETF 目前价格为 4.3 元，小青想降低手中持仓成本，请问小青该如何设计呢？

答：使用网格交易法且没有多余的资金来降低成本是需要做行情的预判的。若是行情预判不对，则无法完成降低成本。

在此假设小青认为未来2个月的行情走势在4.1元至4.4元之间，故小青将设置一个上限是4.4元，下限4.1元的网格，区间为7.3%。

计划如下：

（1）先将手中的100000股ETF卖出一半，即50000股，并在这新网格中建立持仓并开始网格交易。

（2）若价格涨至4.4元以上，则将网格结束，立即将资金买回全部持股，这时有可能买回的股数不足50000股，网格交易降低成本失败，若买回股数超过50000股时，网格交易降低成本成功。

（3）若价格跌至4.1元以下，买回股将超过50000股，这时网格交易降低成本计划成功。

（4）若价格仍在区间之中，而2个月时间已过，这时价格比4.3元低，可全数买回持股，网格交易降低成本成功。再考虑是否再进行下个计划。

（5）若价格仍在区间之中，而2个月时间已过，价格比

4.3 元高，在网格交易上虽有利润，但可能买回全部股数时不足 50000 股（因为全仓持有 100000 股 ETF 时收益更好），这时考虑是否再进行下个计划。

小青设计之网格如下，每 0.03 元买入卖出 50000 股。在价位 4.3 元时先持有 15000 股，跌至 4.28 元时持有 20000 股，涨至 4.34 元时，卖出 5000 股，这时持有 10000 股。

网格数	价位	每次仓位	总仓位
0	4.4	0	0
1	4.37	5000	5000
2	4.34	5000	10000
3	4.31	5000	15000
4	4.28	5000	20000
5	4.25	5000	25000
6	4.22	5000	30000
7	4.19	5000	35000
8	4.16	5000	40000
9	4.13	5000	45000
10	4.1	5000	50000

第七章

1. 养殖 ETF（159865），若使用创新高后 4 日止损，会在什么价位出场？

答：每一次的新高后，都可以找到新止损出场价位，请留意新高是收盘新价。

2. 若使用波段中再进场，请问下图在什么时候进场？

答：可再进场的价位如下图所示，7 个位置都是在上升的走势中，都有机会坐上趋势的列车中，但要留意止损在哪儿。

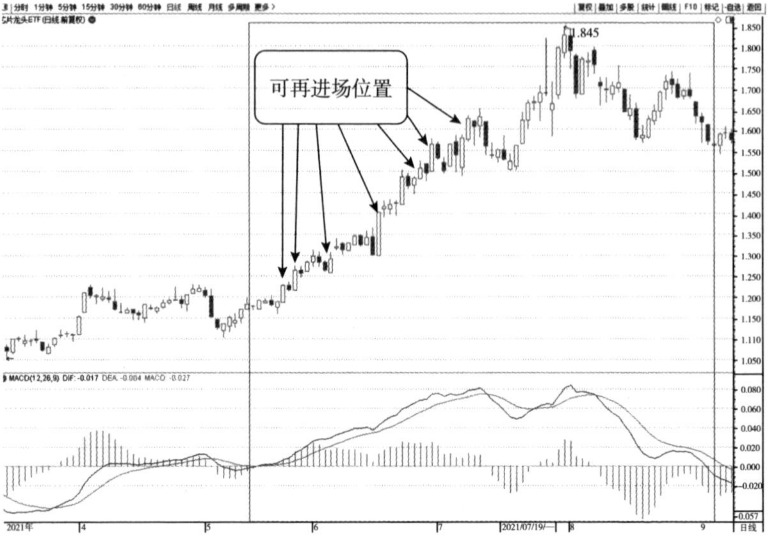

3. 若小青手中有 35000 元，想买入消费 ETF（159928），目前价格是 1.074 元。小青当日收盘前应该买入多少元（股）来建立网格的起始仓位？第二天涨到多少时该卖出多少股？

答：以标准方法来计算：15 格，每 2% 一格，向上 12 格向下 3 格，总计 30% 的交易区间。

（1）小青应该买入股数为：25200 股

35000 元 /15（格）=2333.33 元

2333.33 元 /1.074=2100 股（实际为 2172 股，取不超过的最小 100 股单位）

2100 × 12=25200 股

（2）小青每涨跌 0.021 元，即涨到 1.095 元时，可卖出 2100 股

1.074 元 ×0.02=0.021 元（四舍五入，每涨跌 0.021 元一网格）

第八章

1. 若使用沪深 300ETF（510300）来做网格，月初进场后高点回落 2% 即出场。6 月份进场后，会在那一个价位出场呢？请标示出来。

答：每一格的虚线是 2%，故可观察到下图之从高点回落 2% 出场点。

2. 请使用 MACD 之 DIF 进出场方式，标示出食品 ETF（515710）图中进出场位置。

答：可根据 MACD 是否向上穿越零轴或跌破零轴来看，如下图：

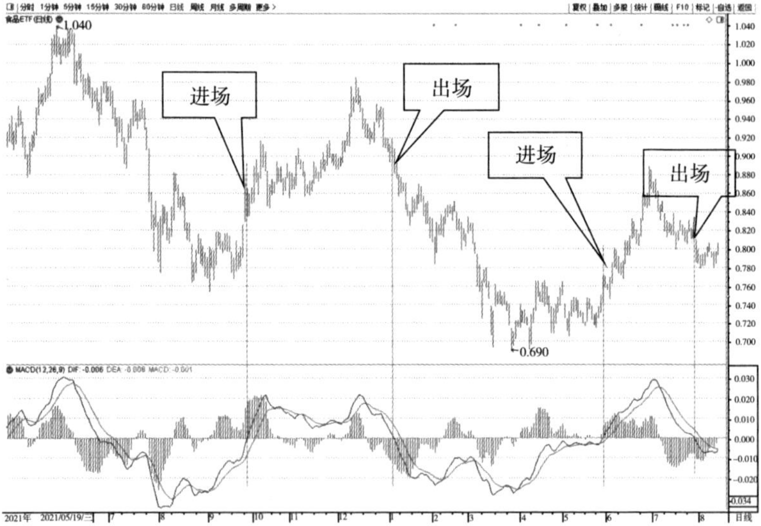